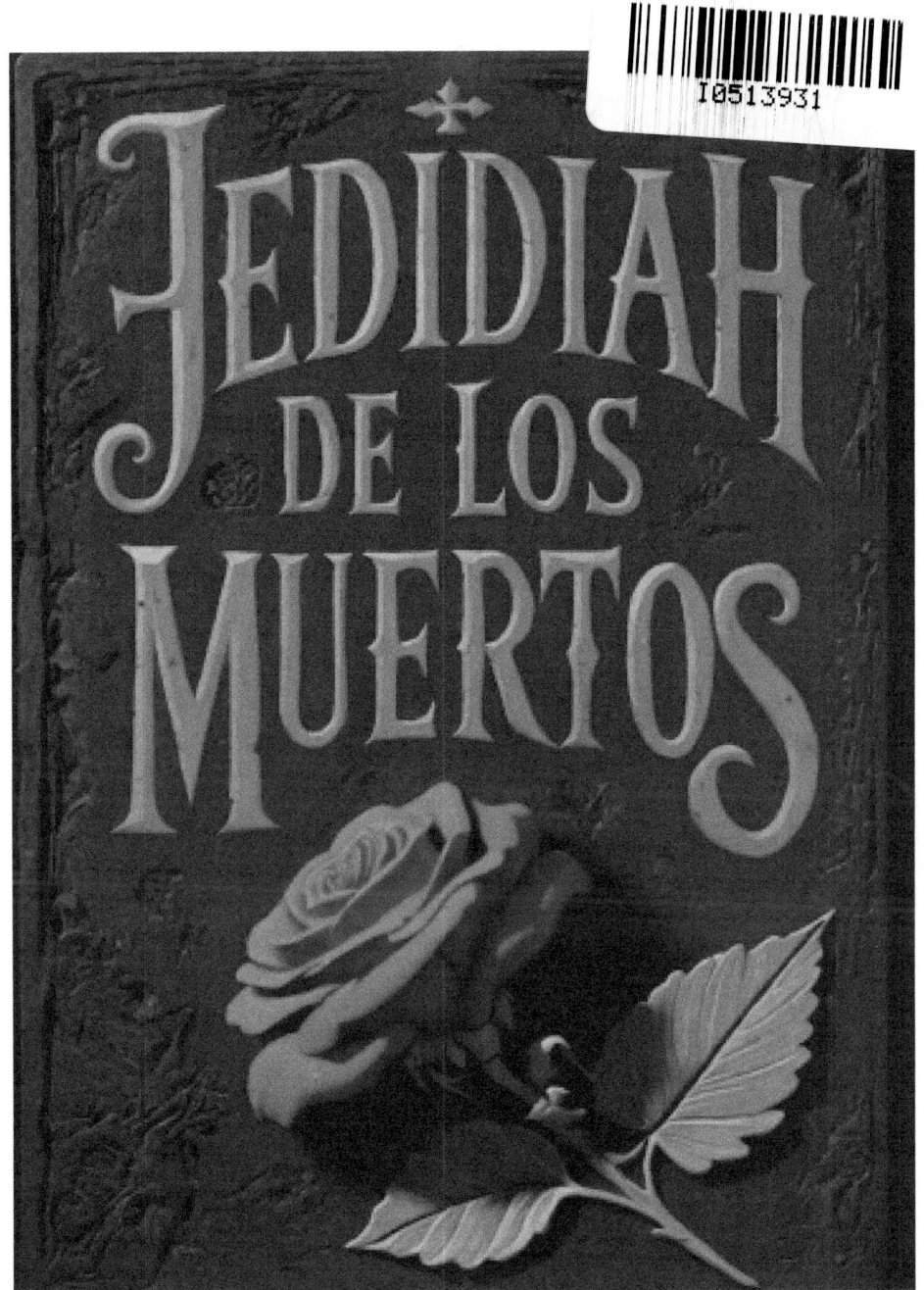

Jedidiah Drotar

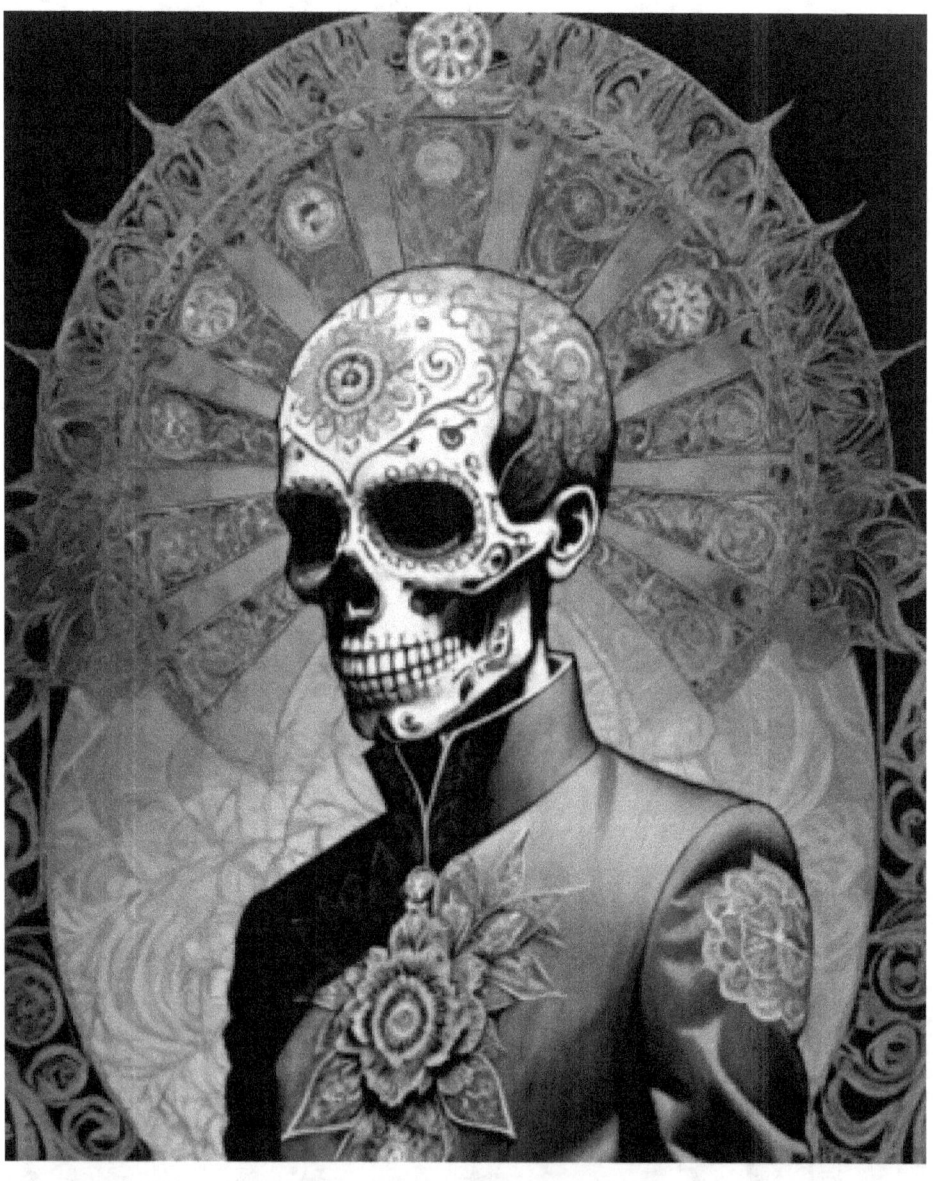

Jedidiah de los Muertos

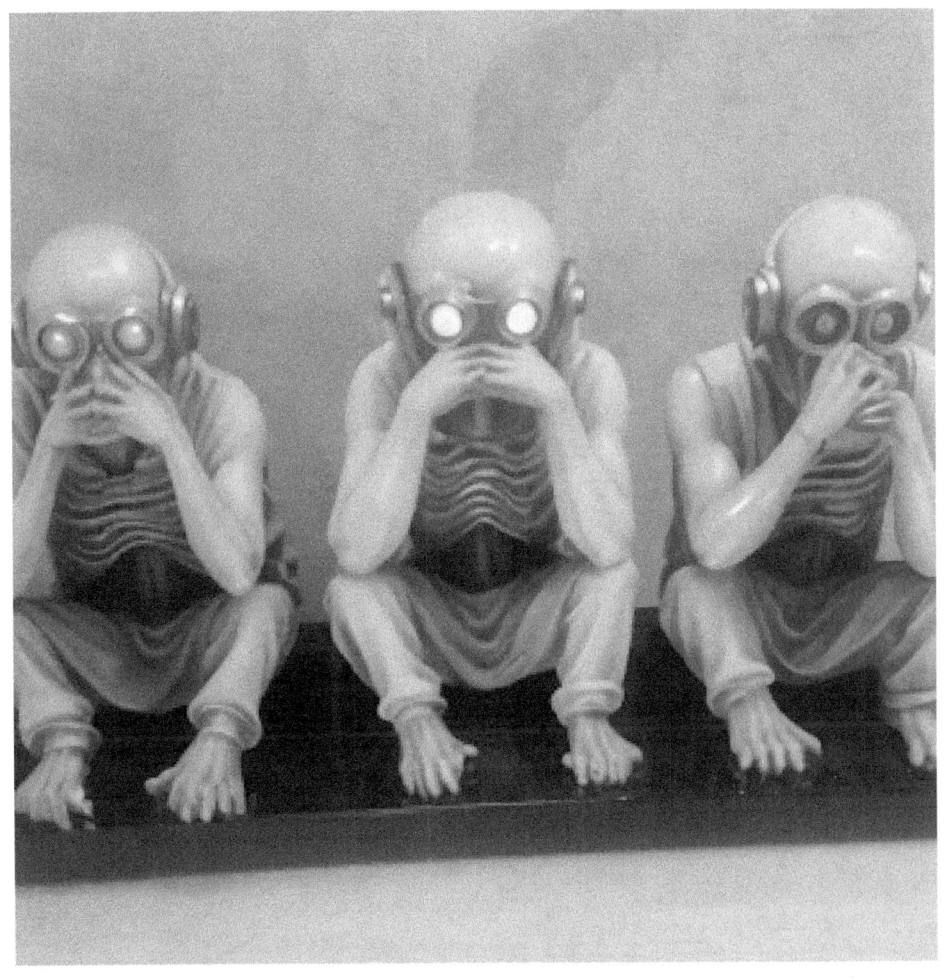

Jedidiah Drotar

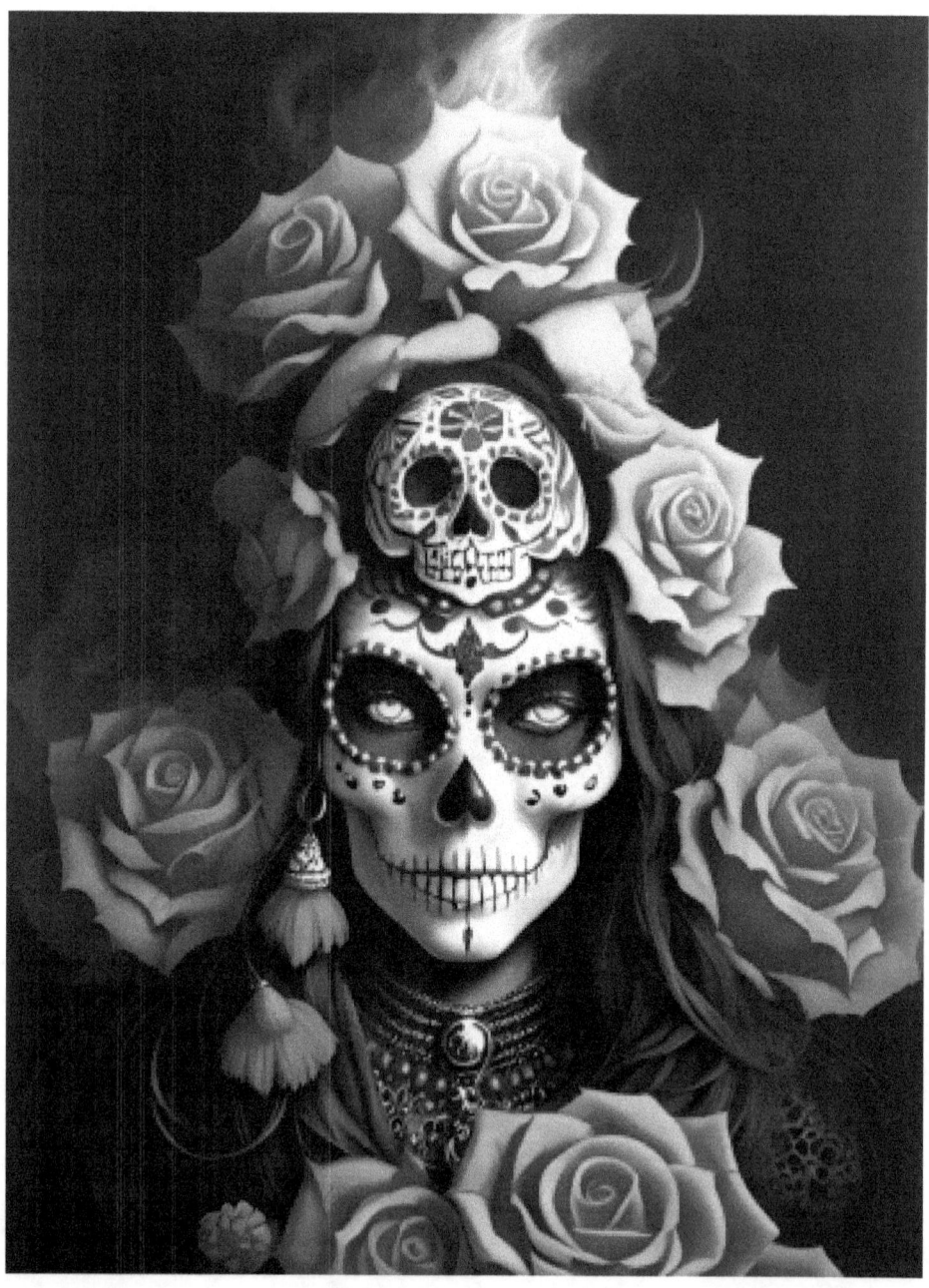

Jedidiah de los Muertos

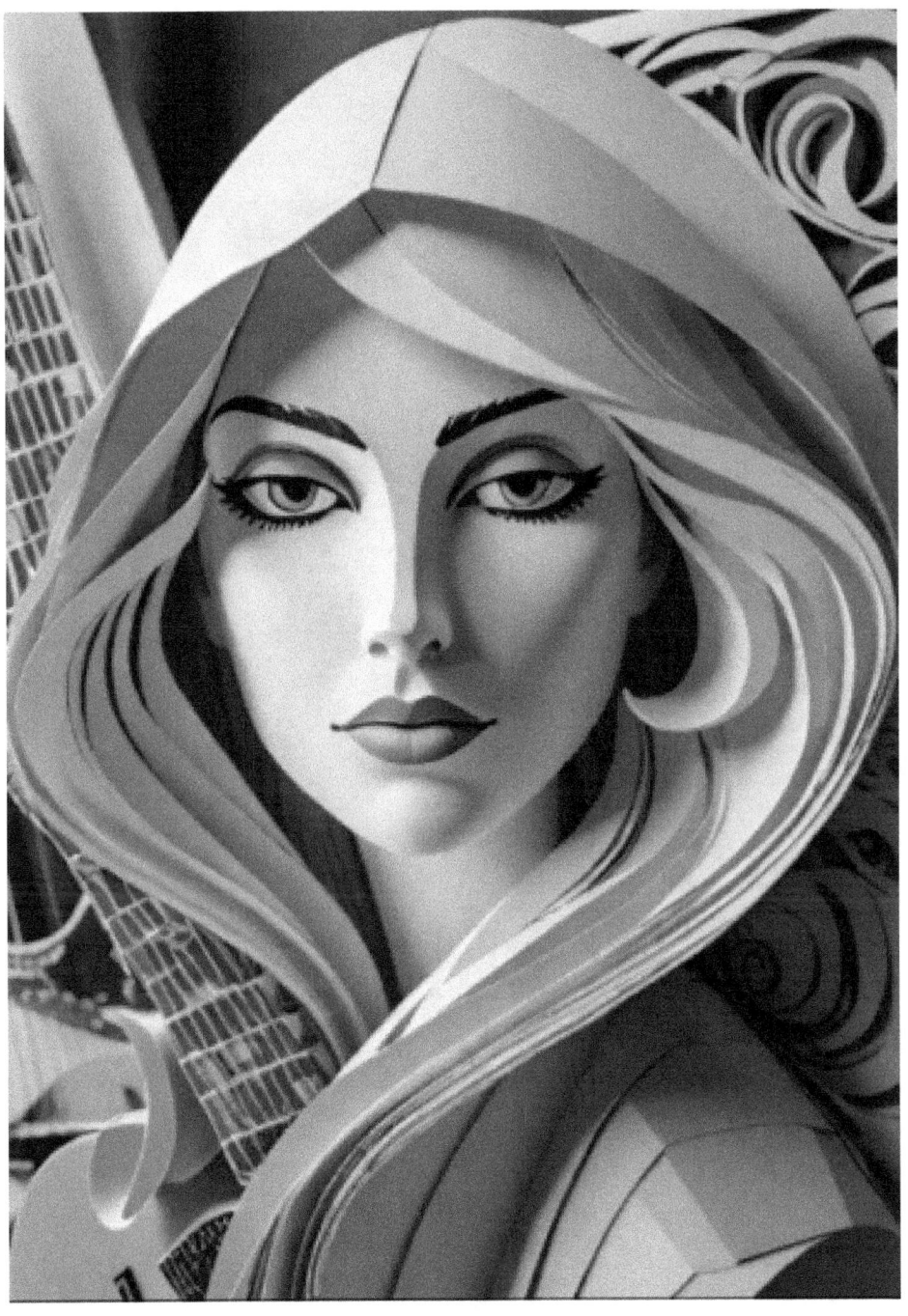

Jedidiah Drotar

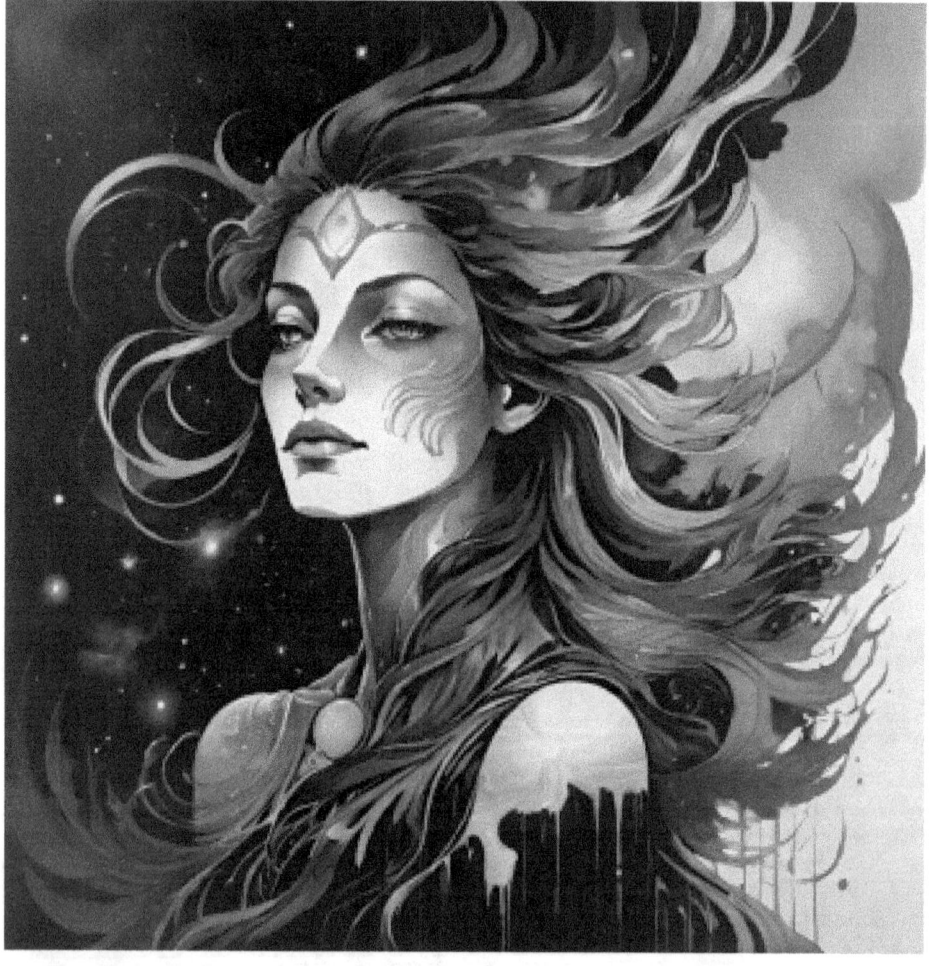

Jedidiah de los Muertos

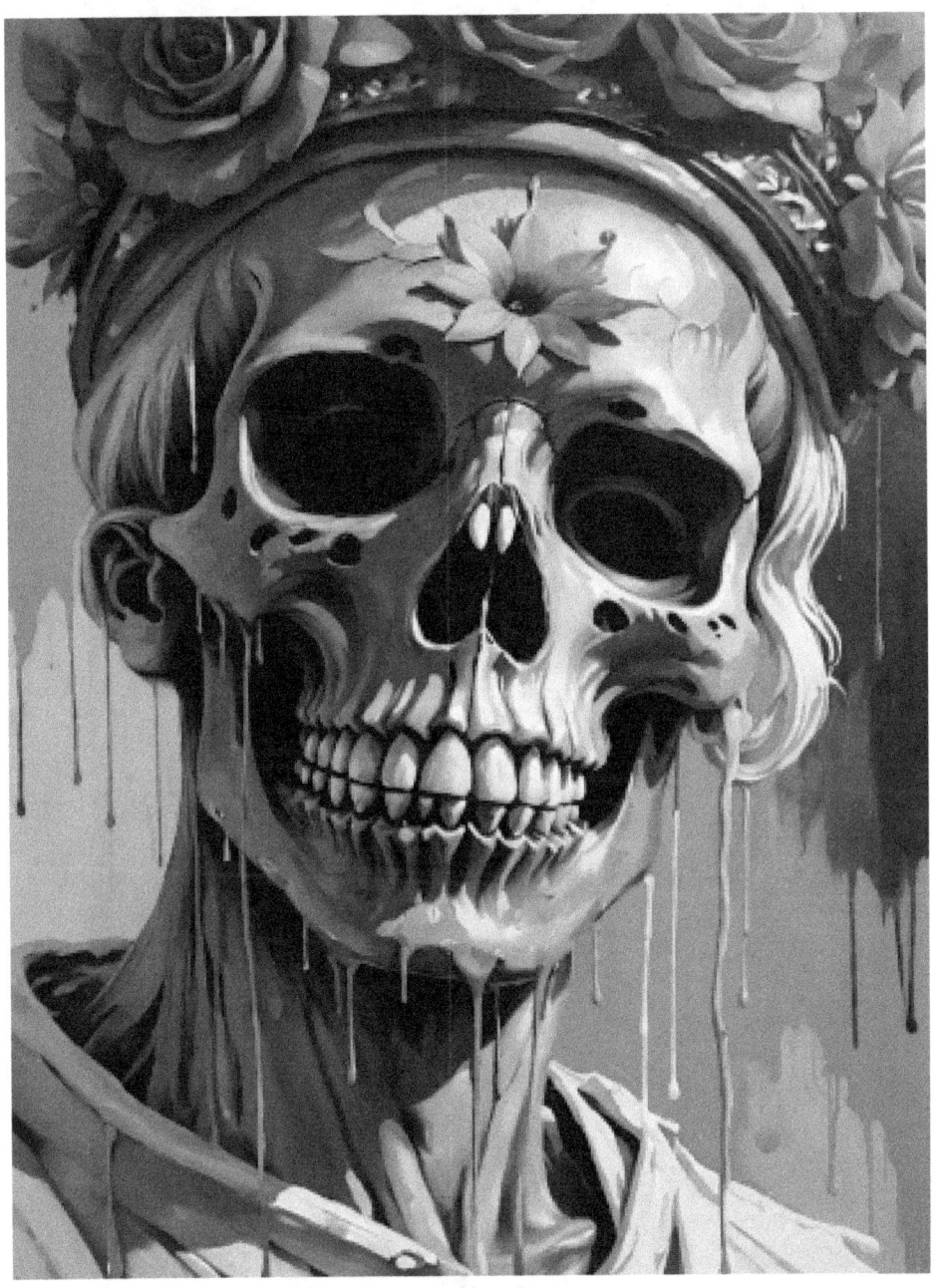

Jedidiah Drotar

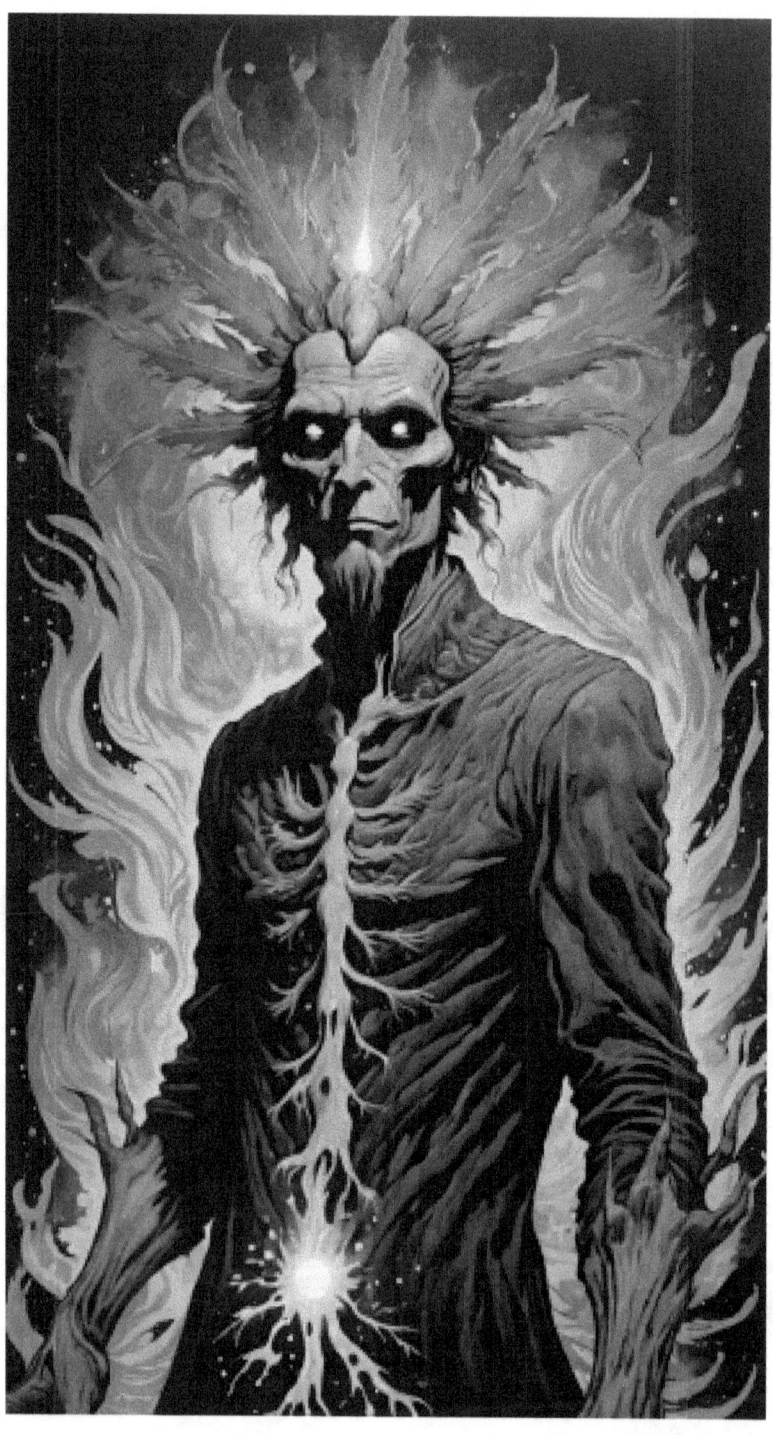

Jedidiah de los Muertos

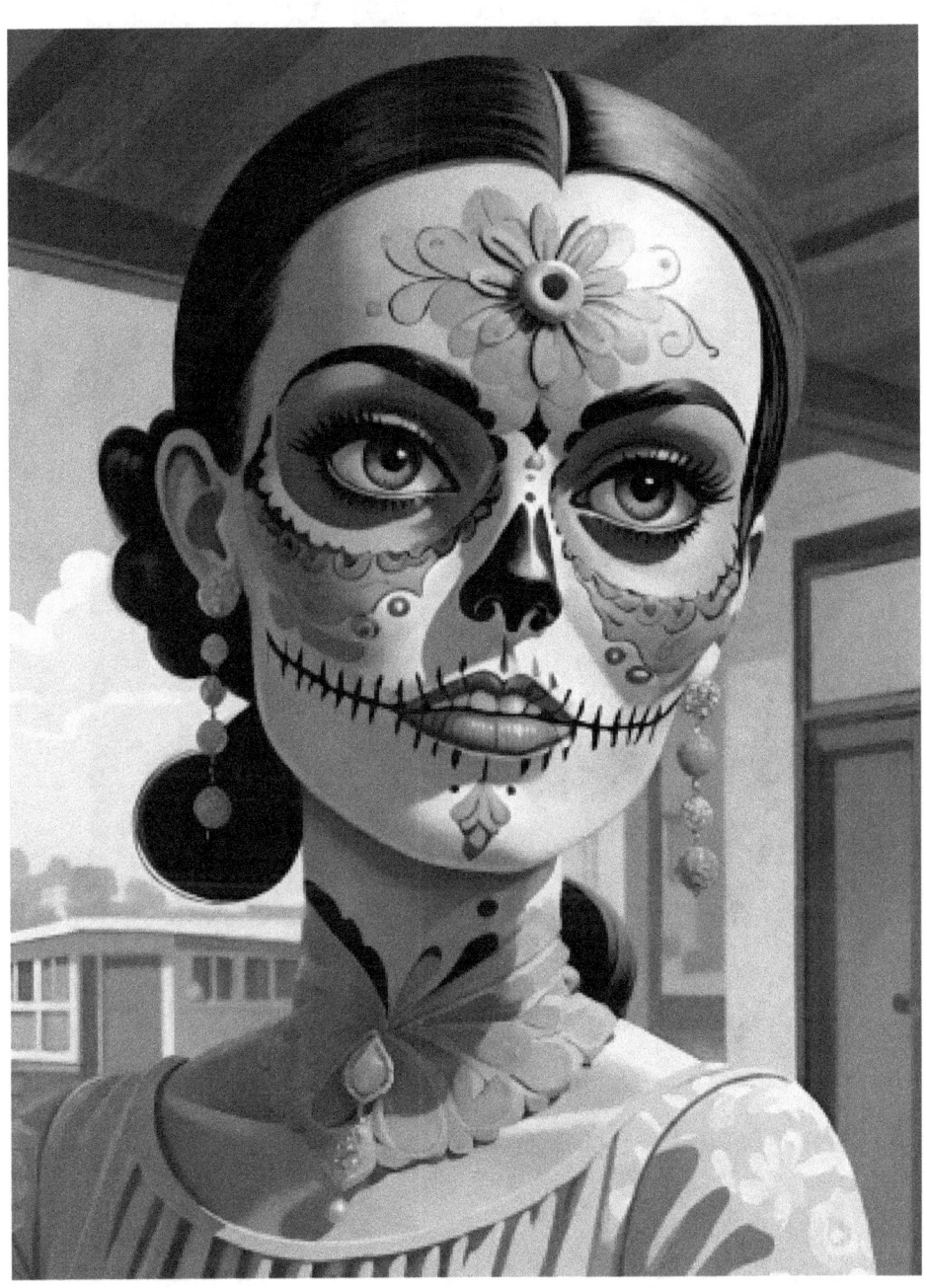

Jedidiah Drotar

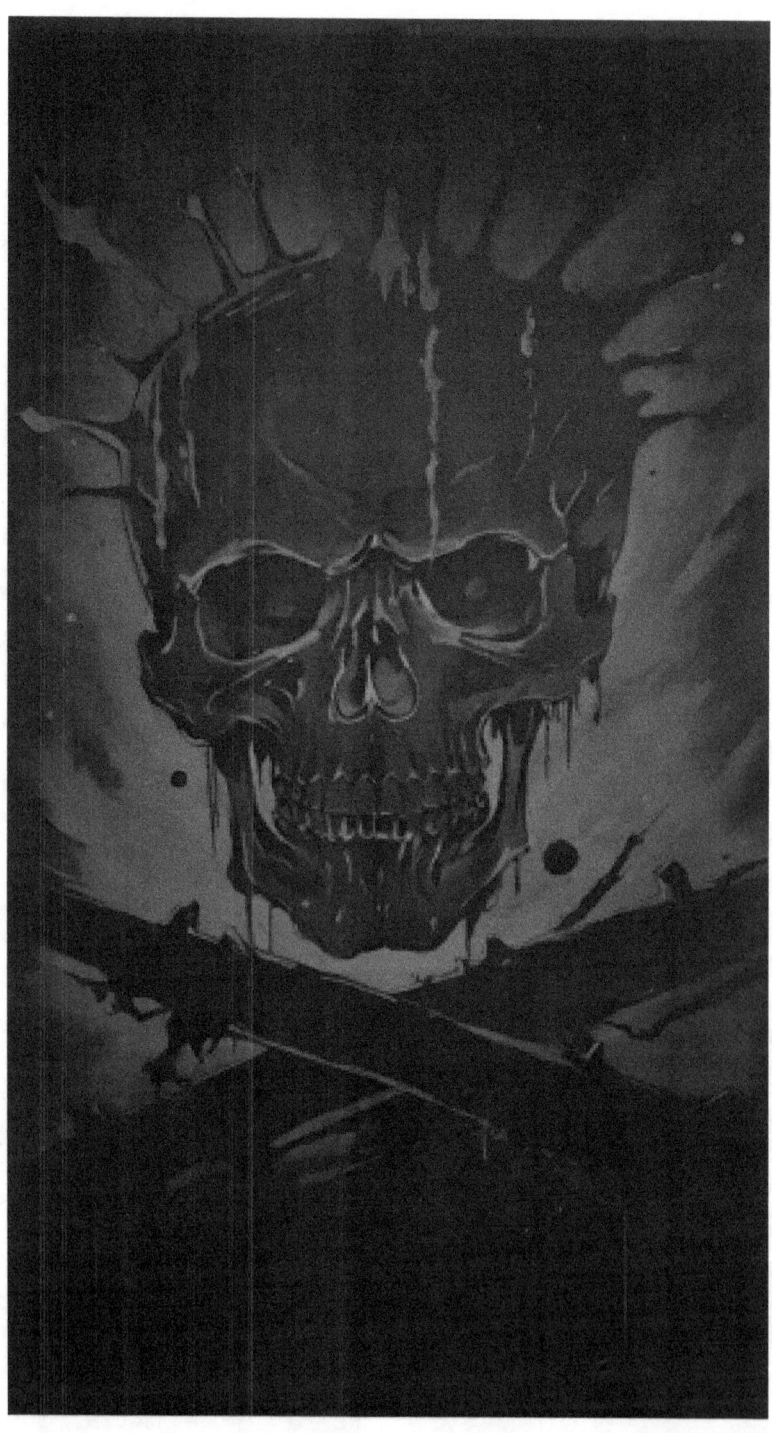

Jedidiah de los Muertos

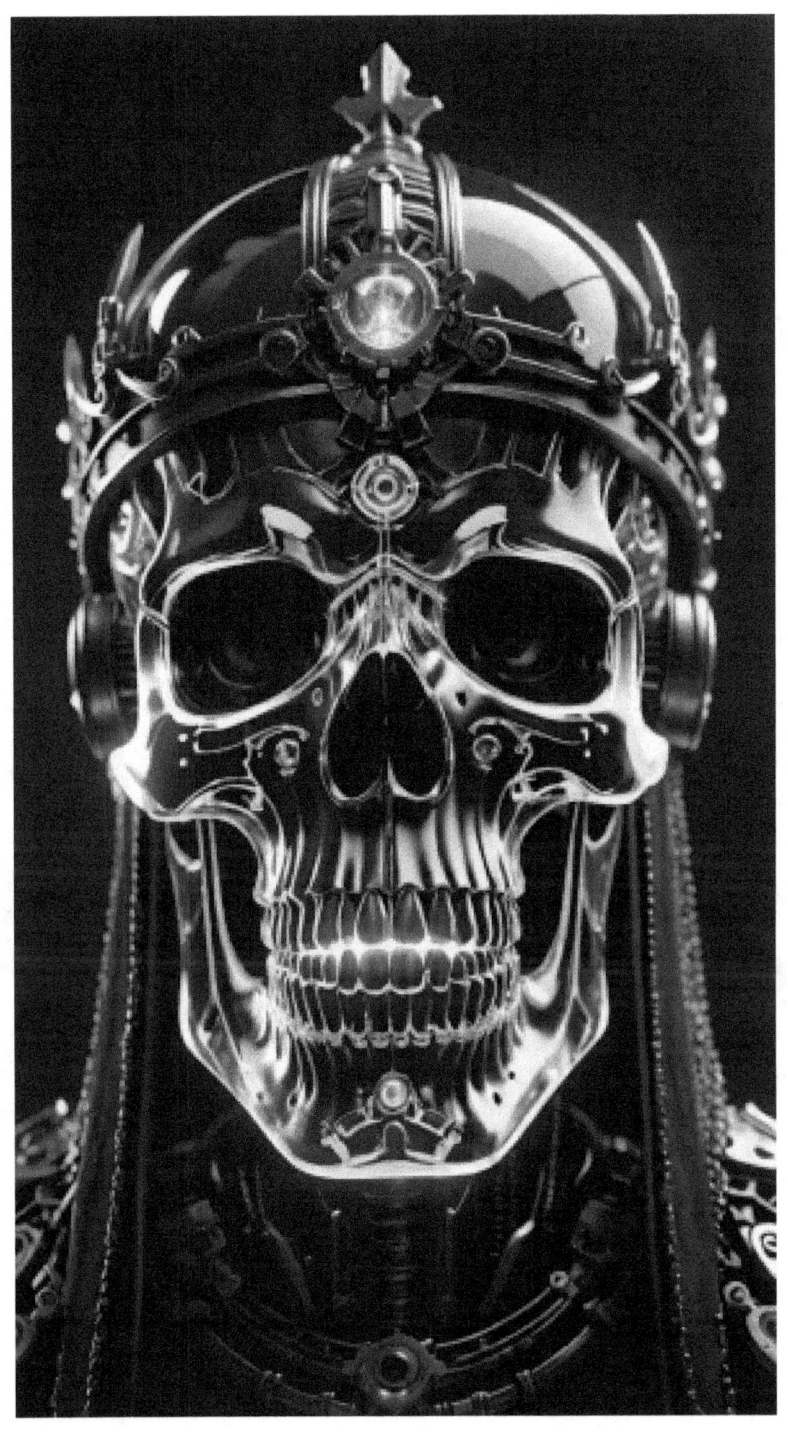

Jedidiah Drotar

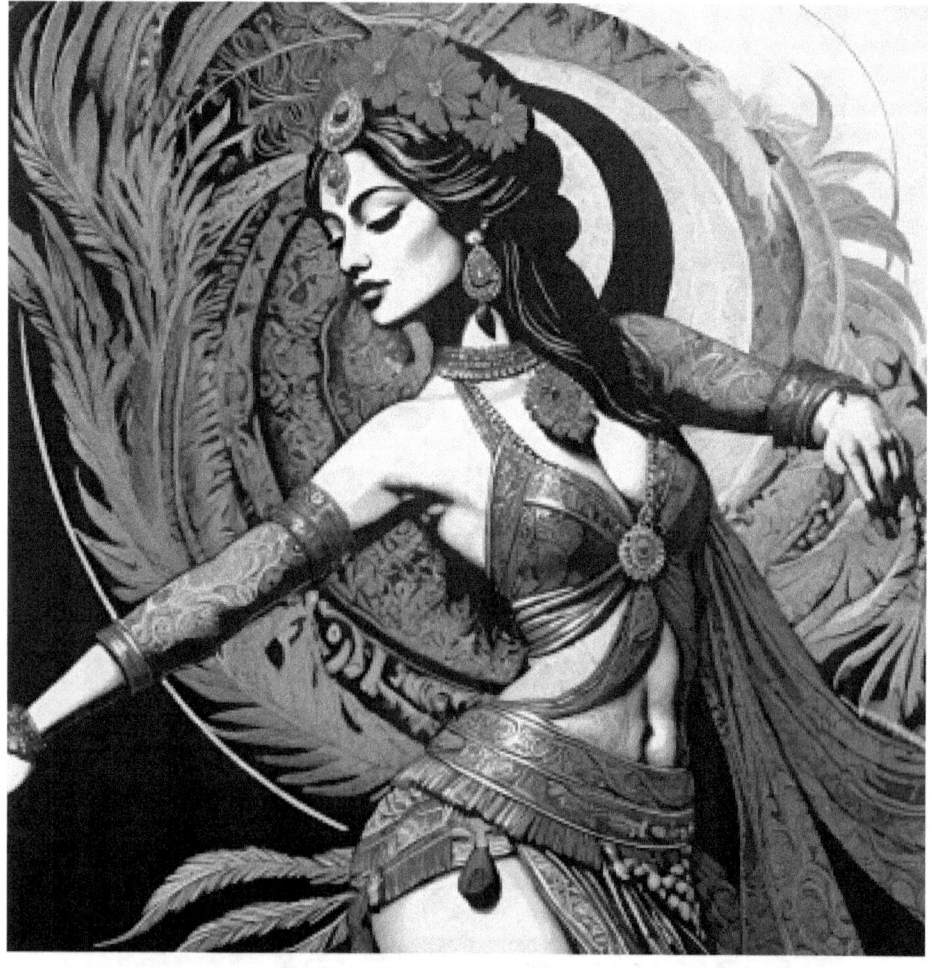

Jedidiah de los Muertos

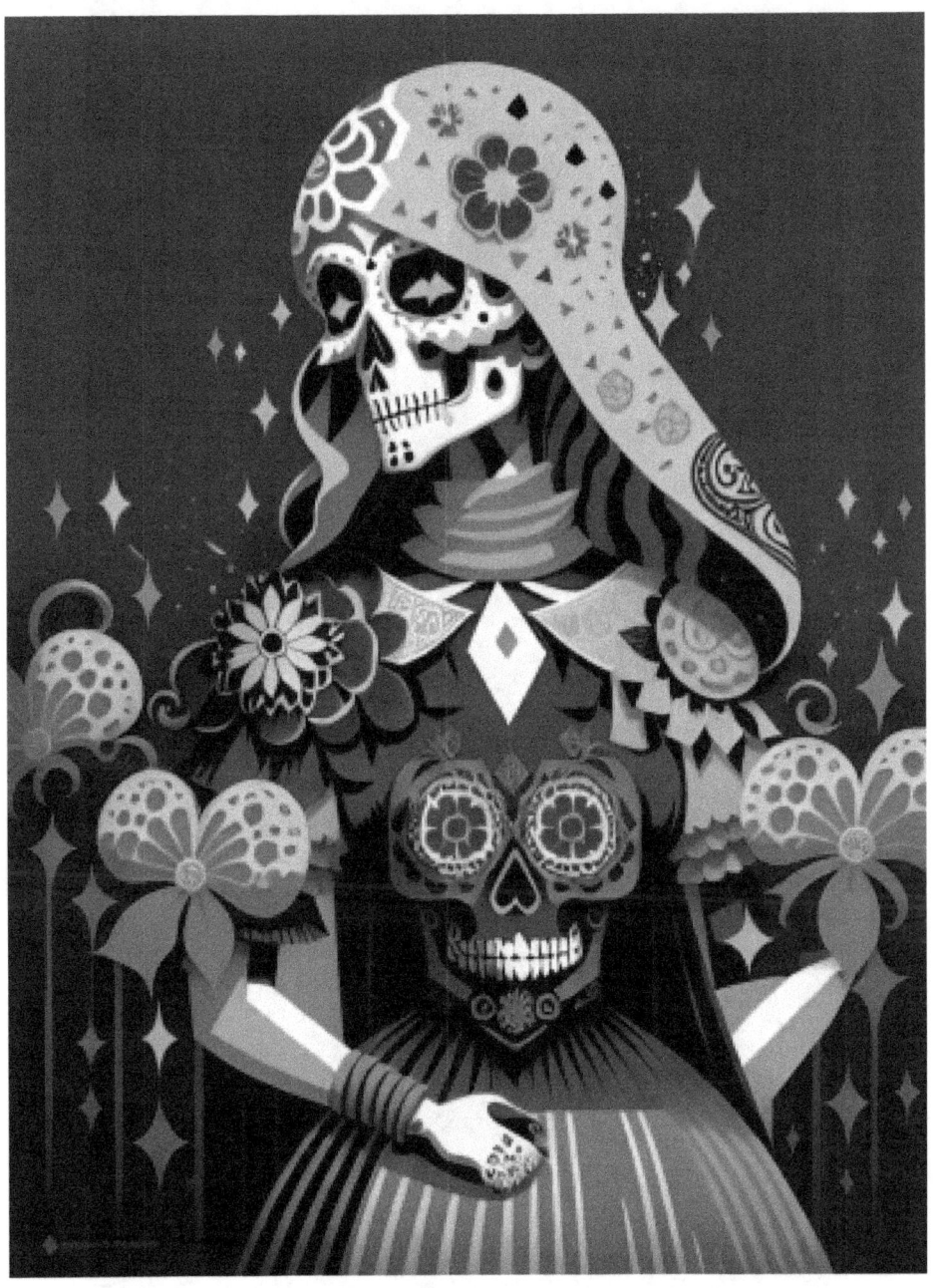

Jedidiah Drotar

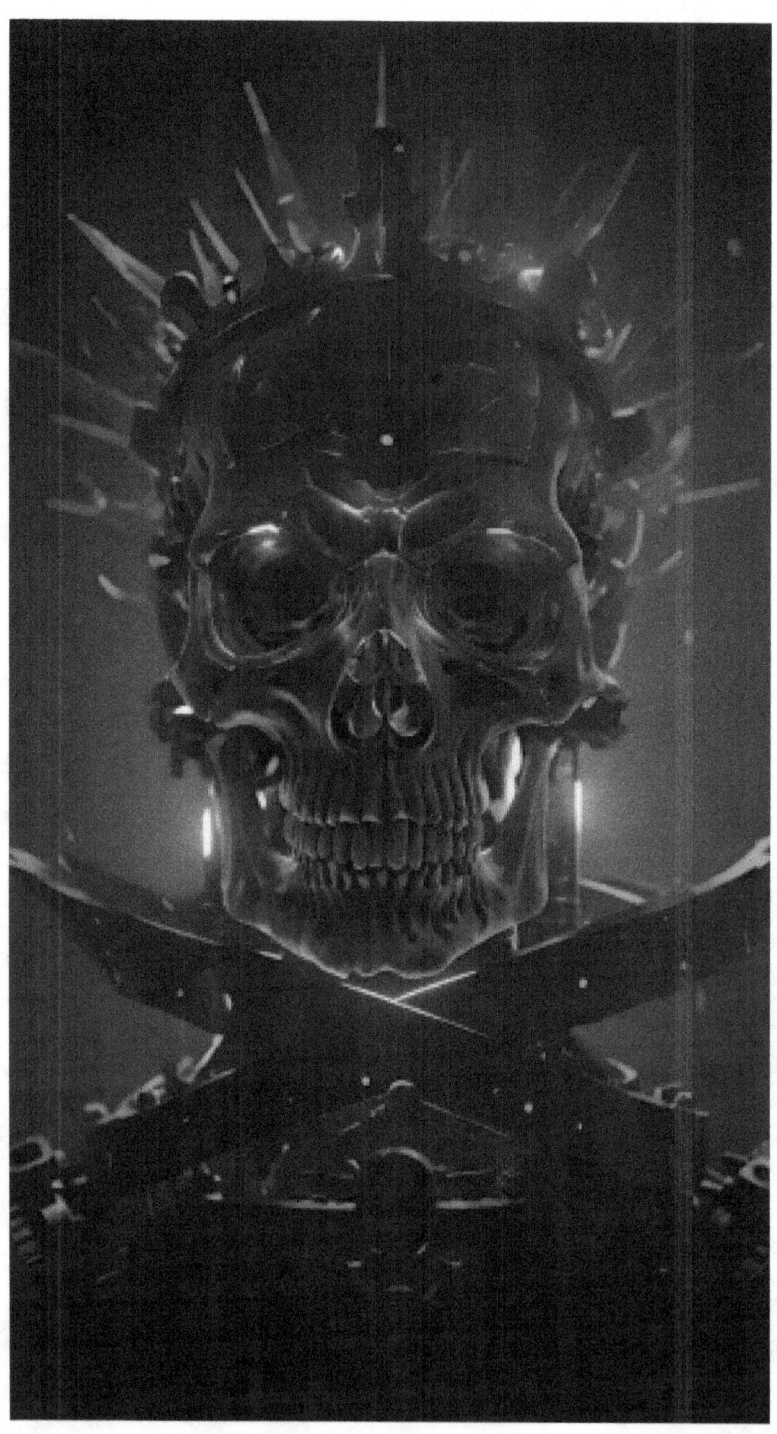

Jedidiah de los Muertos

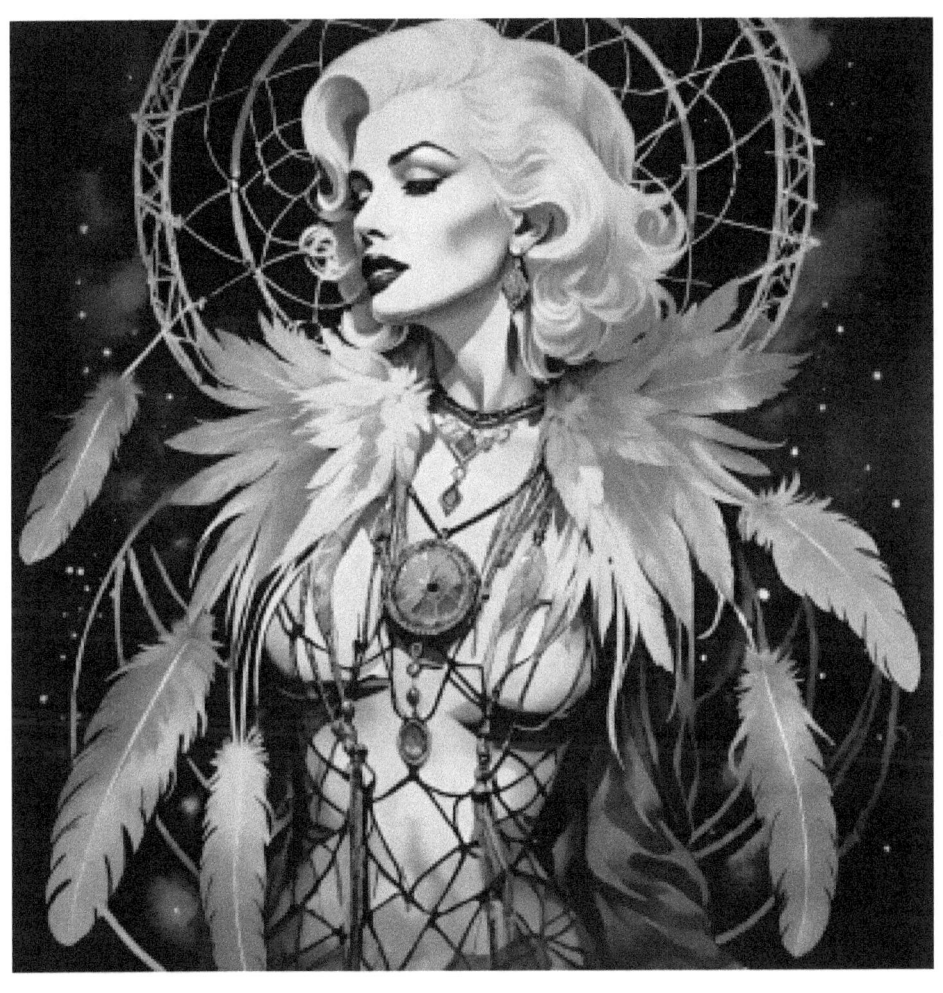

Jedidiah Drotar

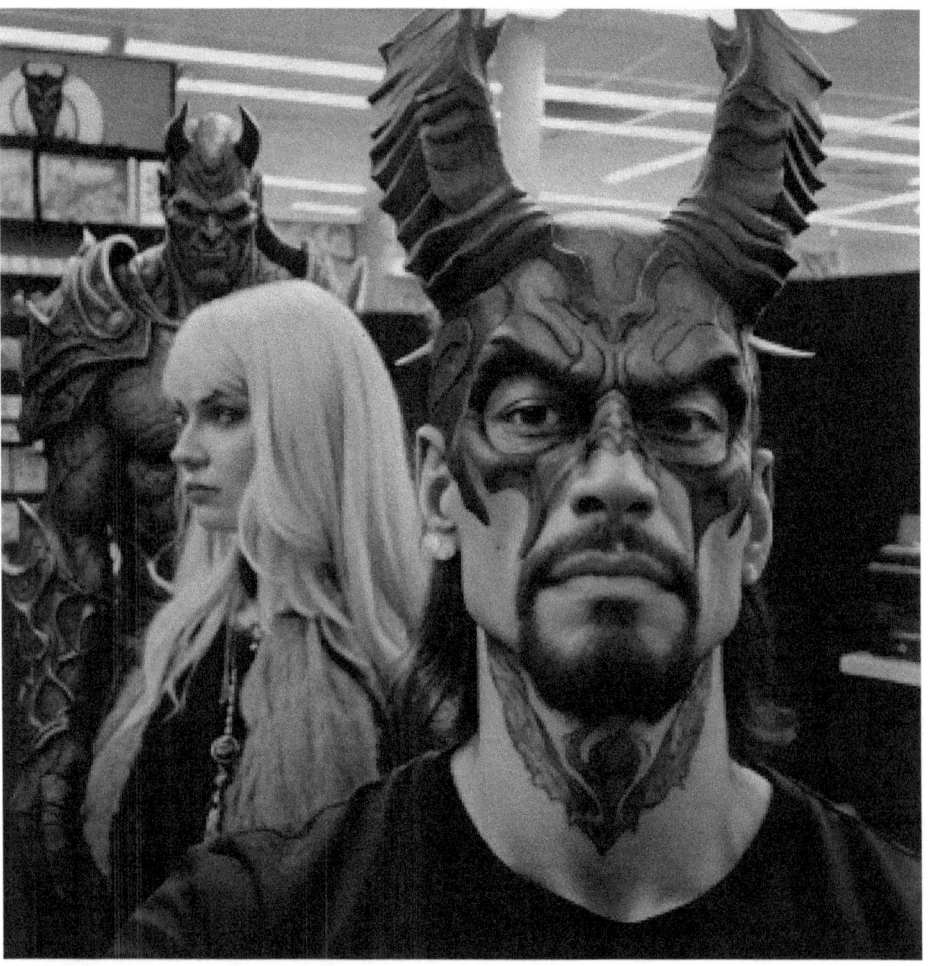

Jedidiah de los Muertos

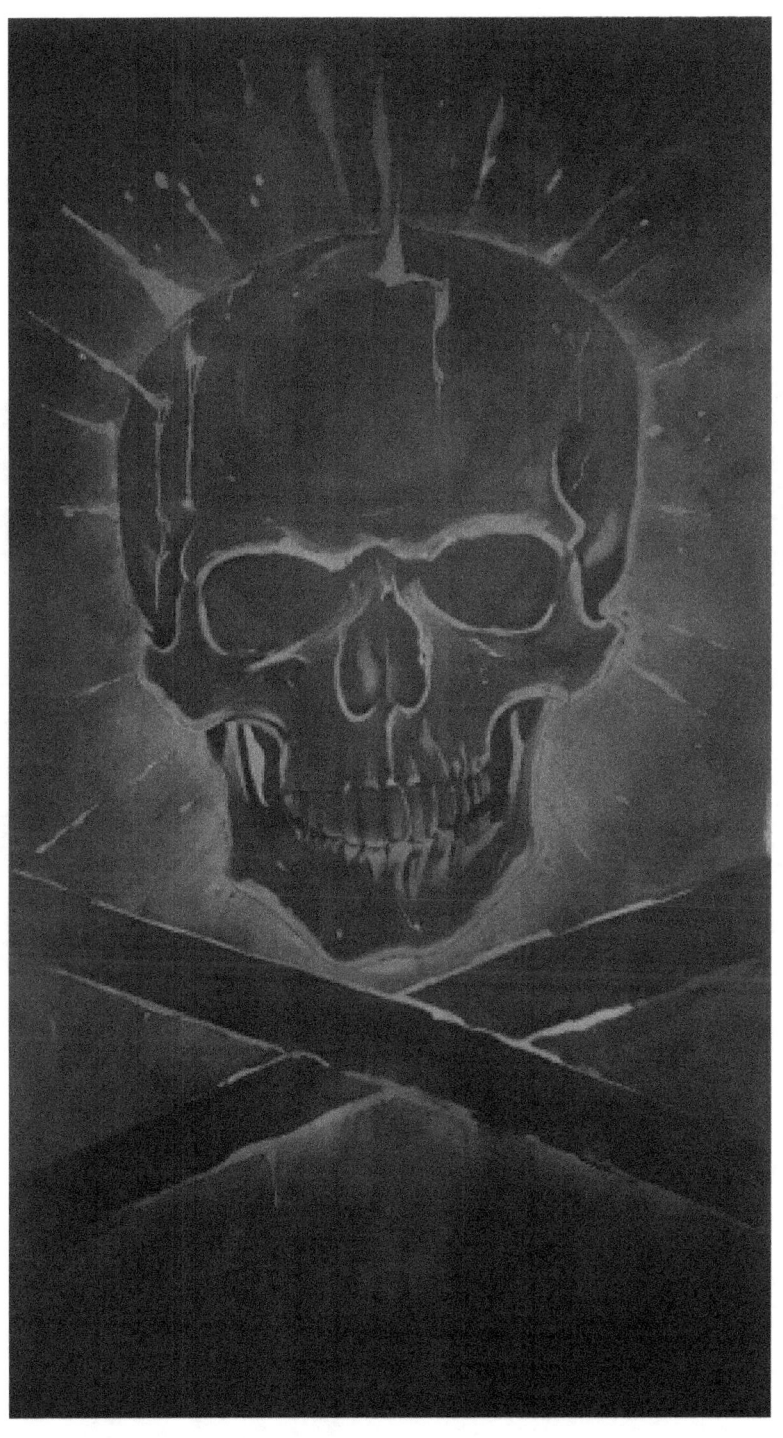

Jedidiah Drotar

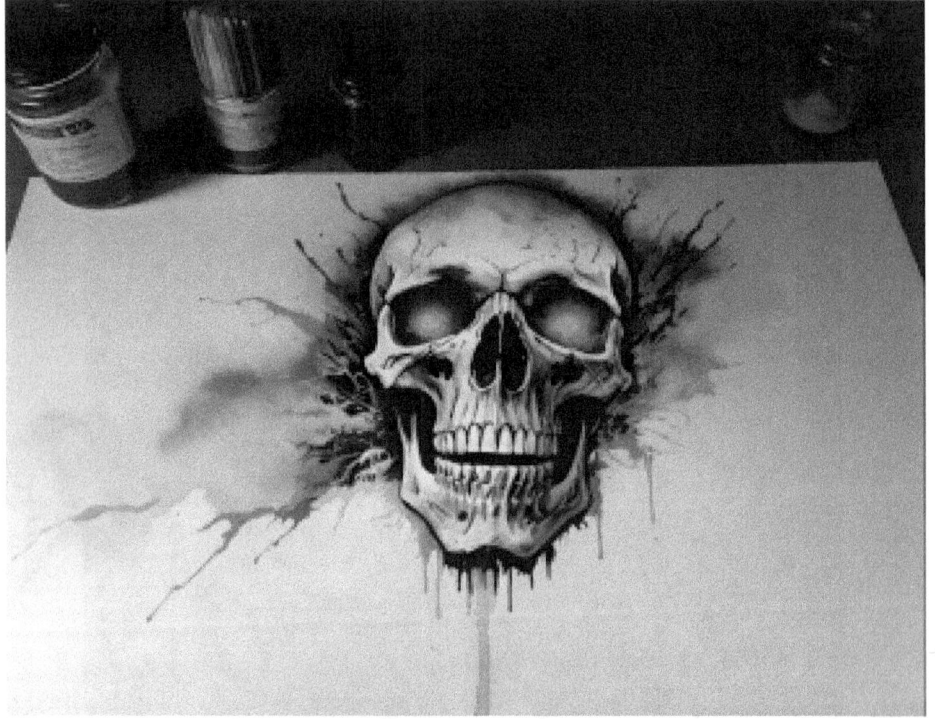

Jedidiah de los Muertos

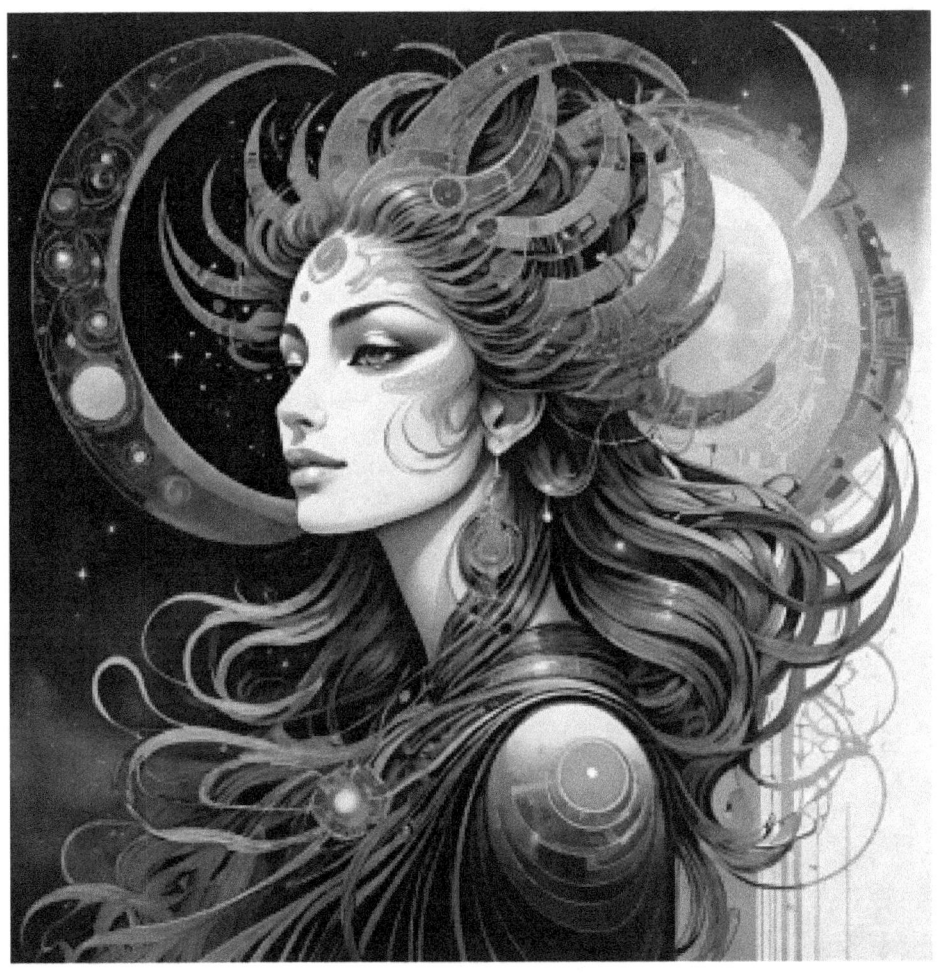

Jedidiah Drotar

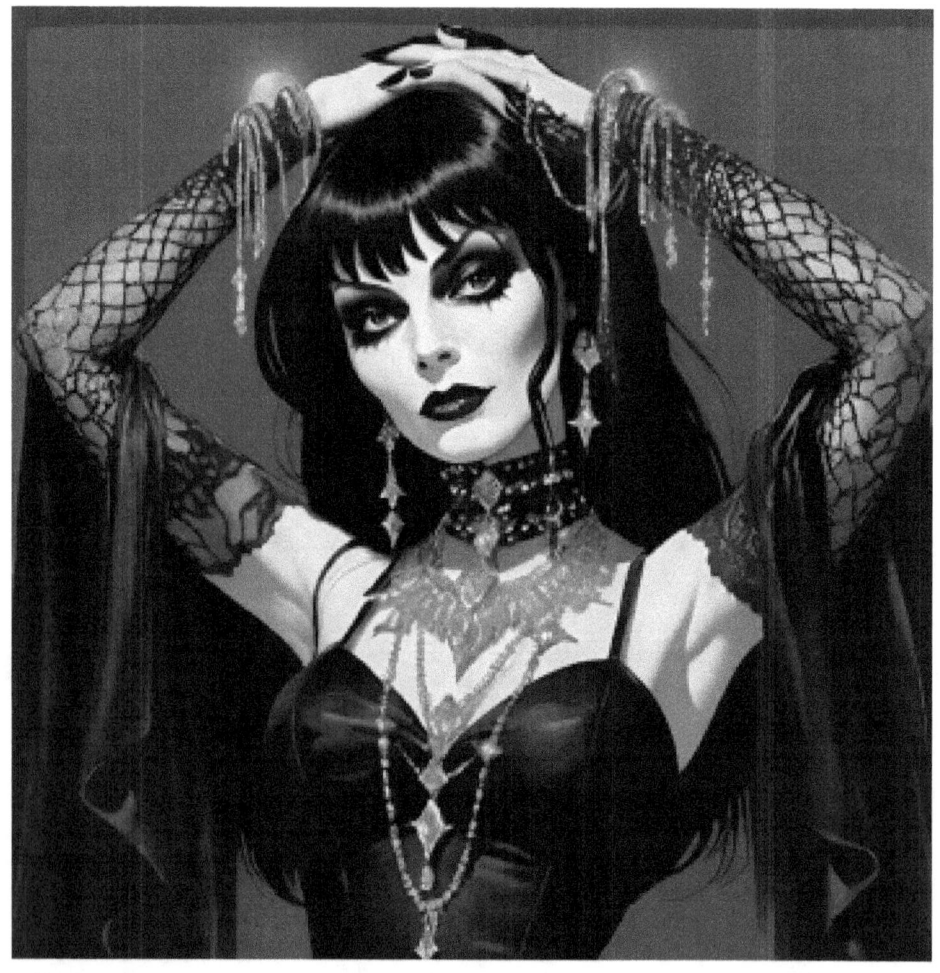

Jedidiah de los Muertos

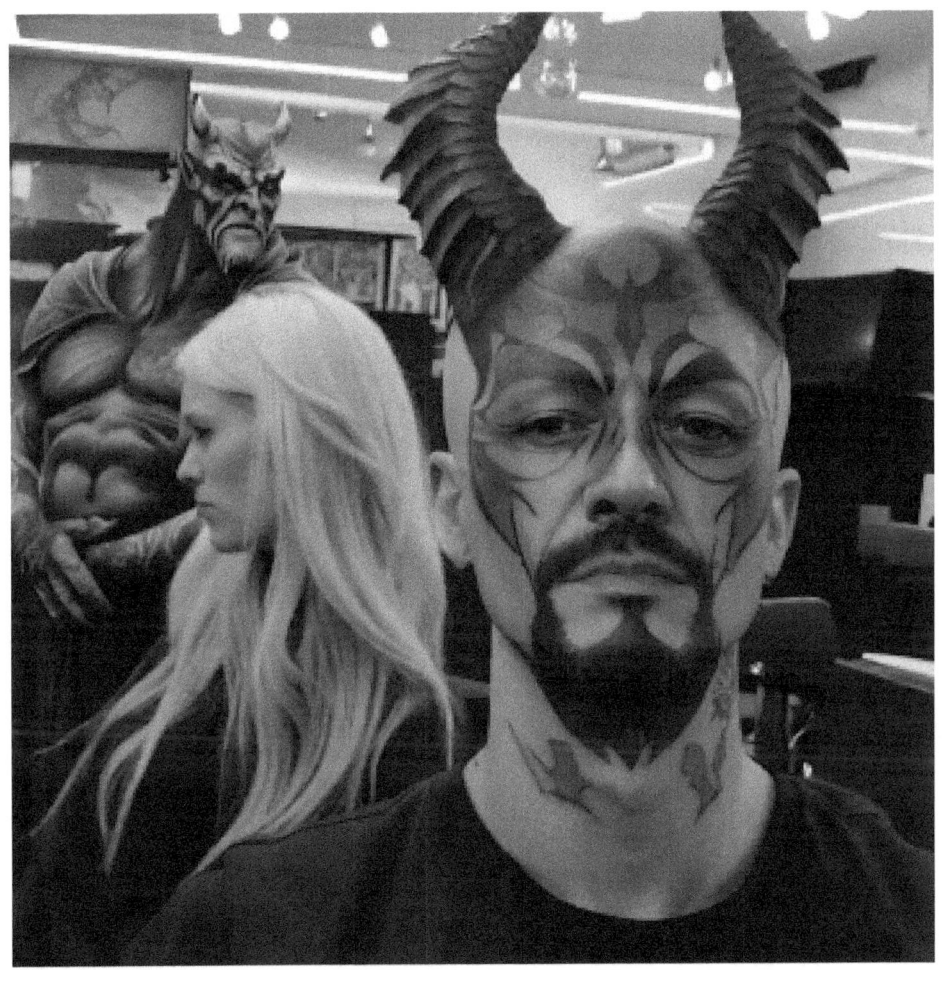

Jedidiah Drotar

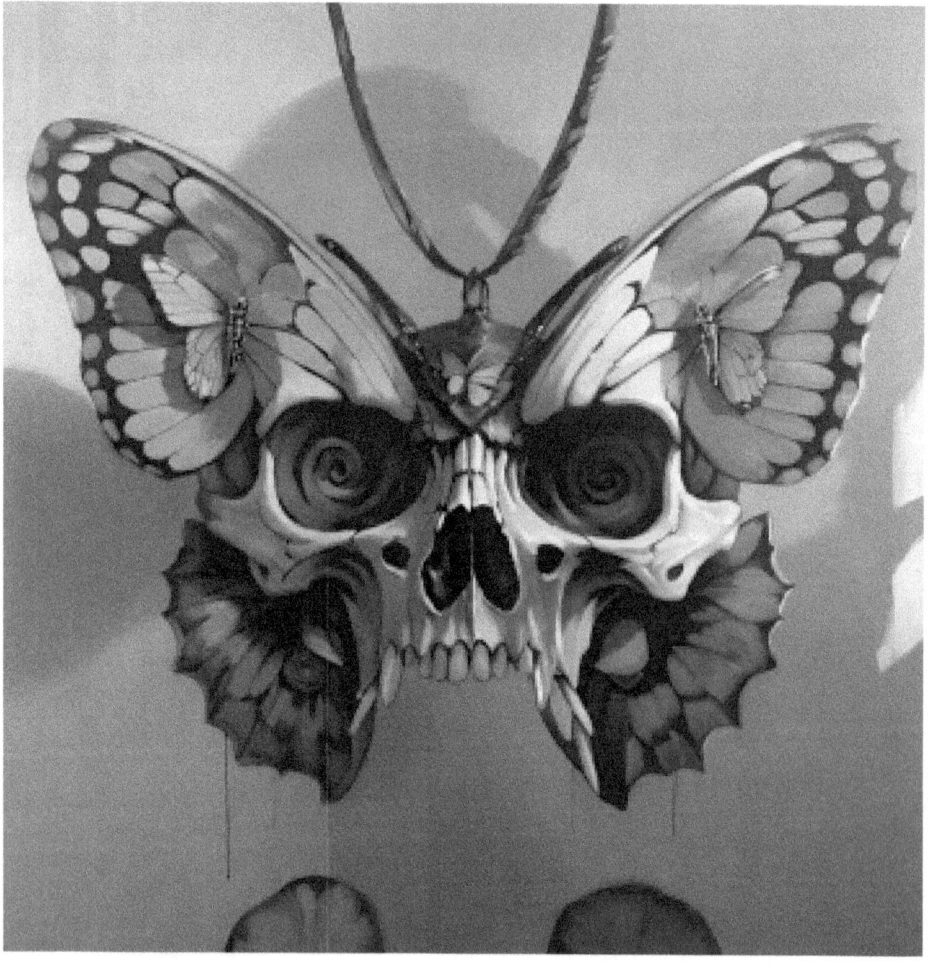

Jedidiah de los Muertos

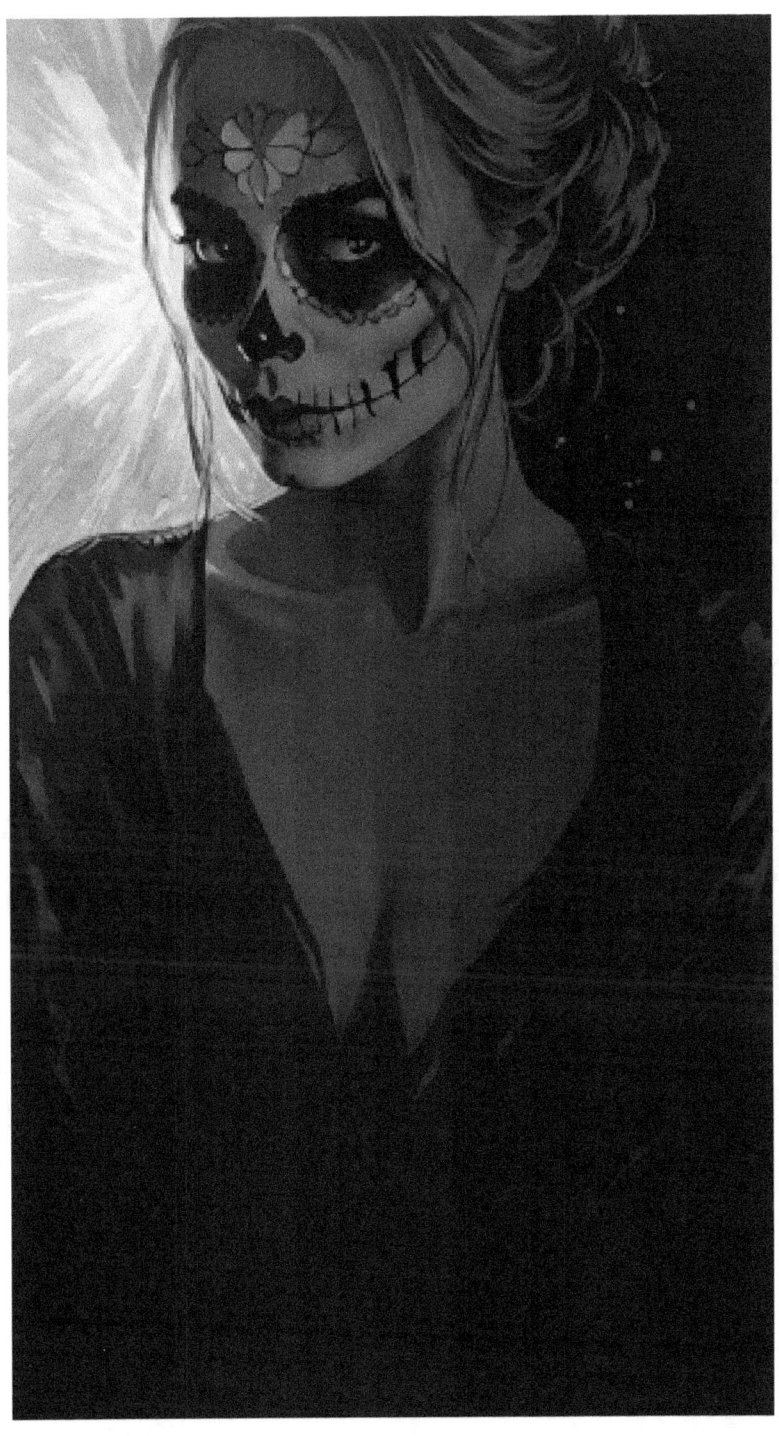

Jedidiah Drotar

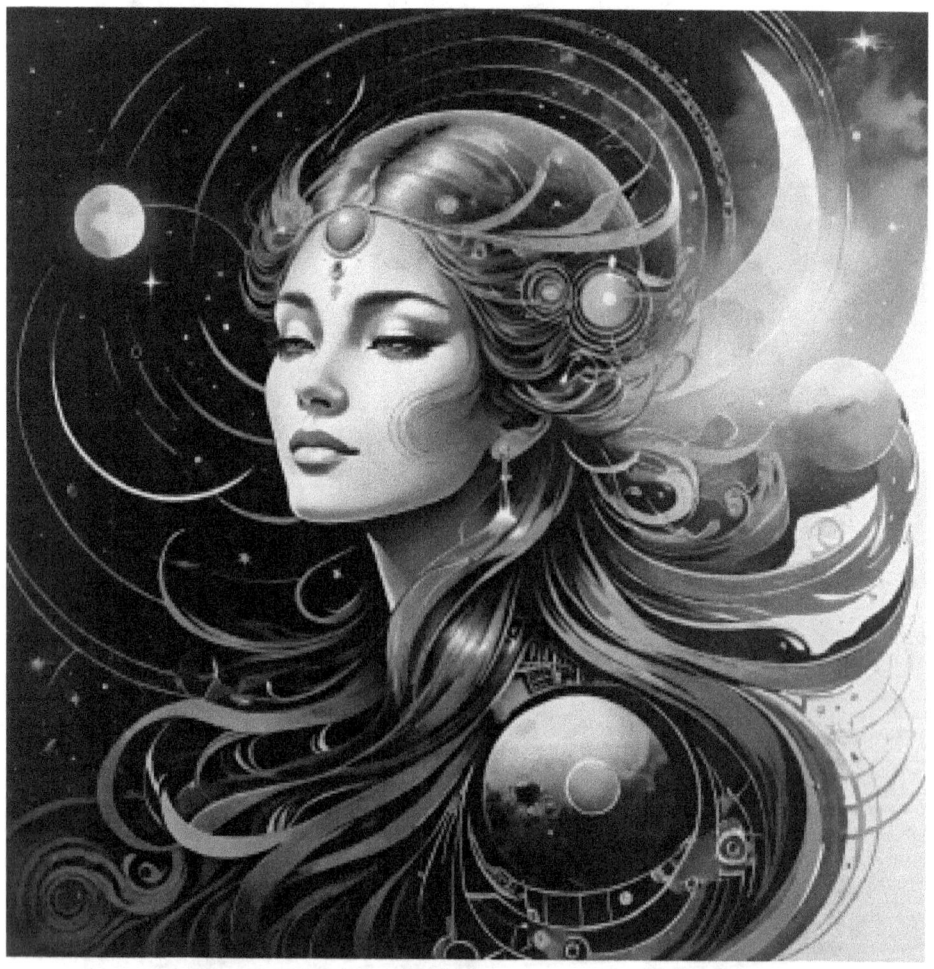

Jedidiah de los Muertos

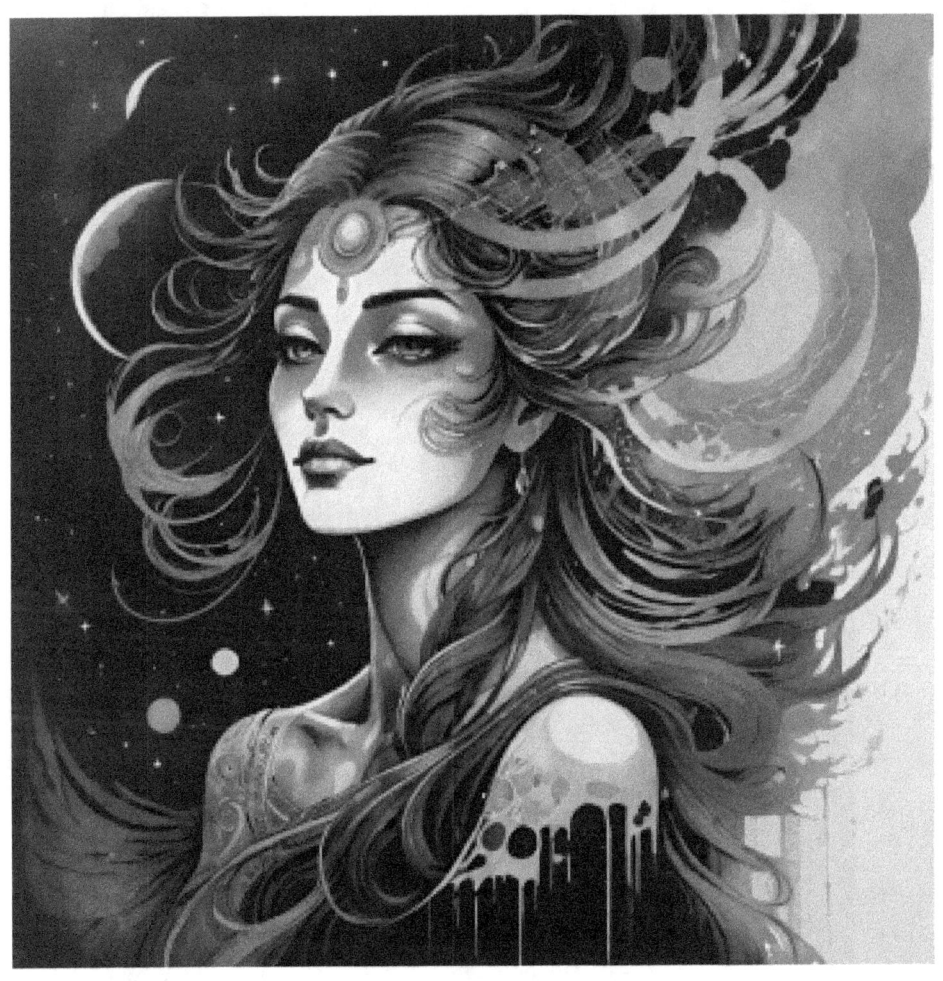

Jedidiah Drotar

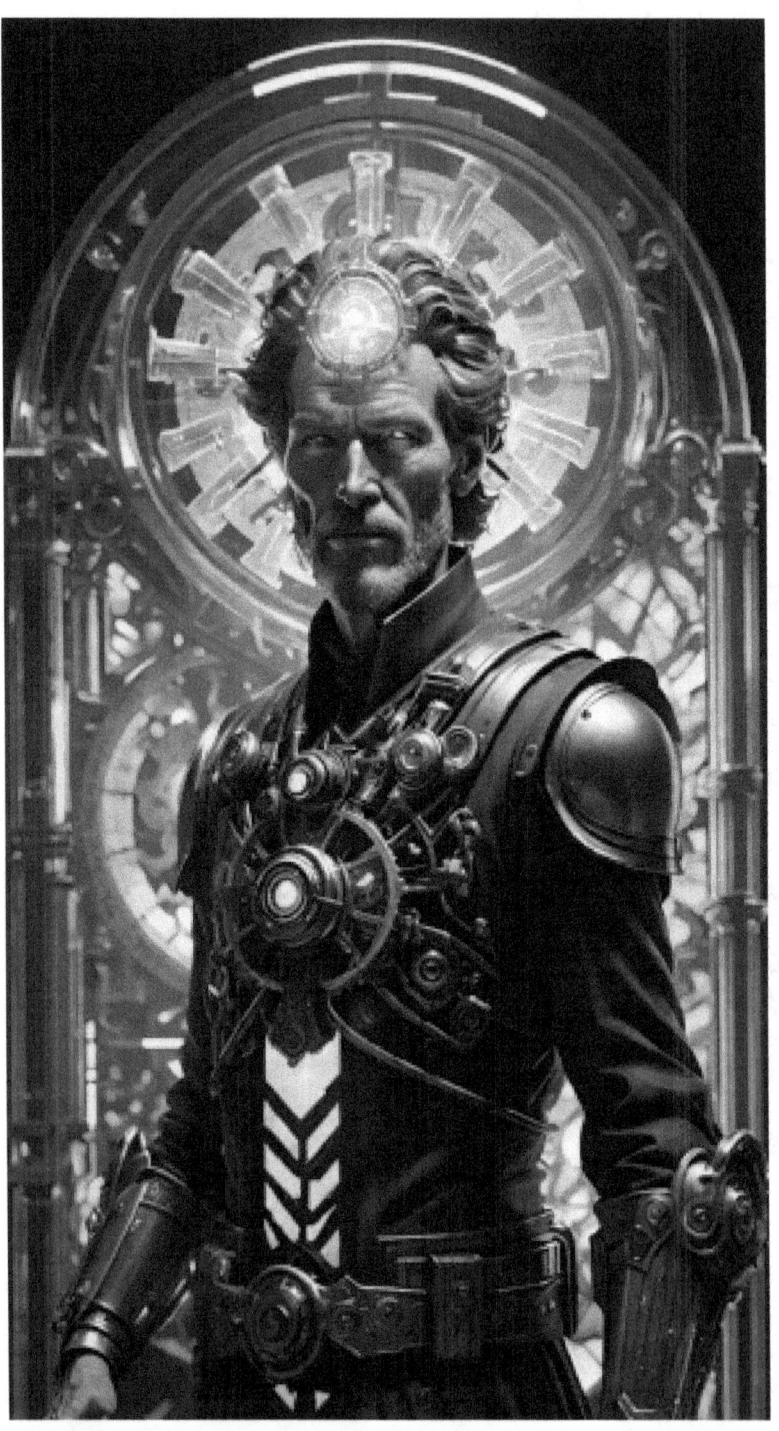

Jedidiah de los Muertos

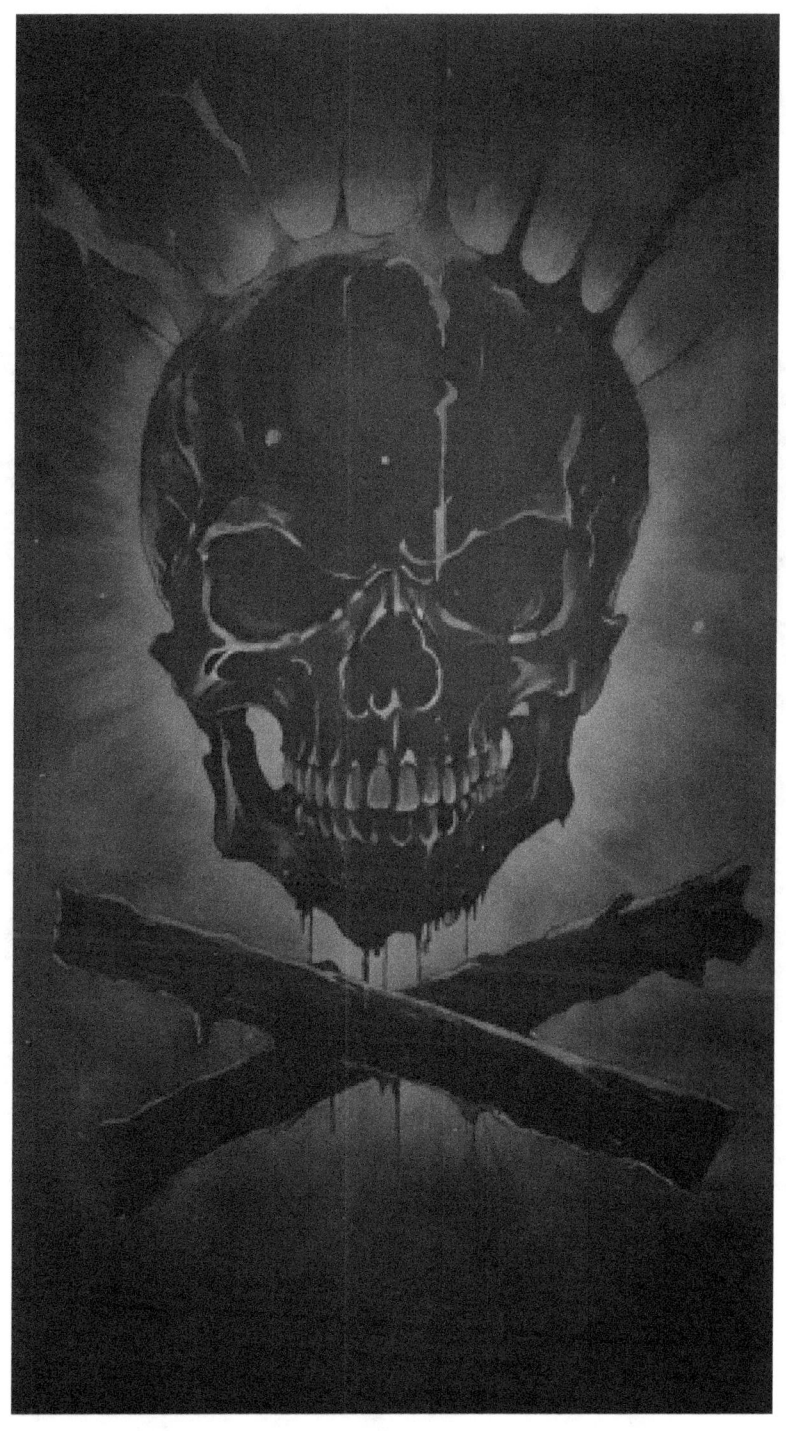

Jedidiah Drotar

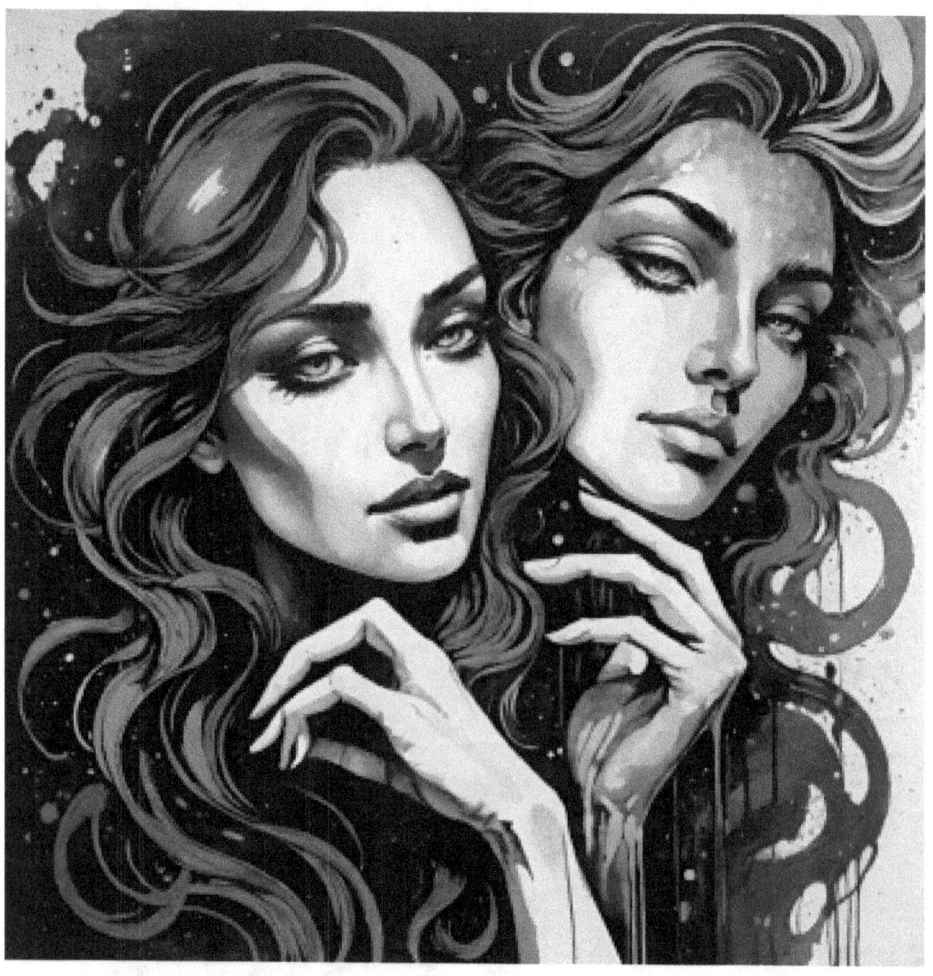

Jedidiah de los Muertos

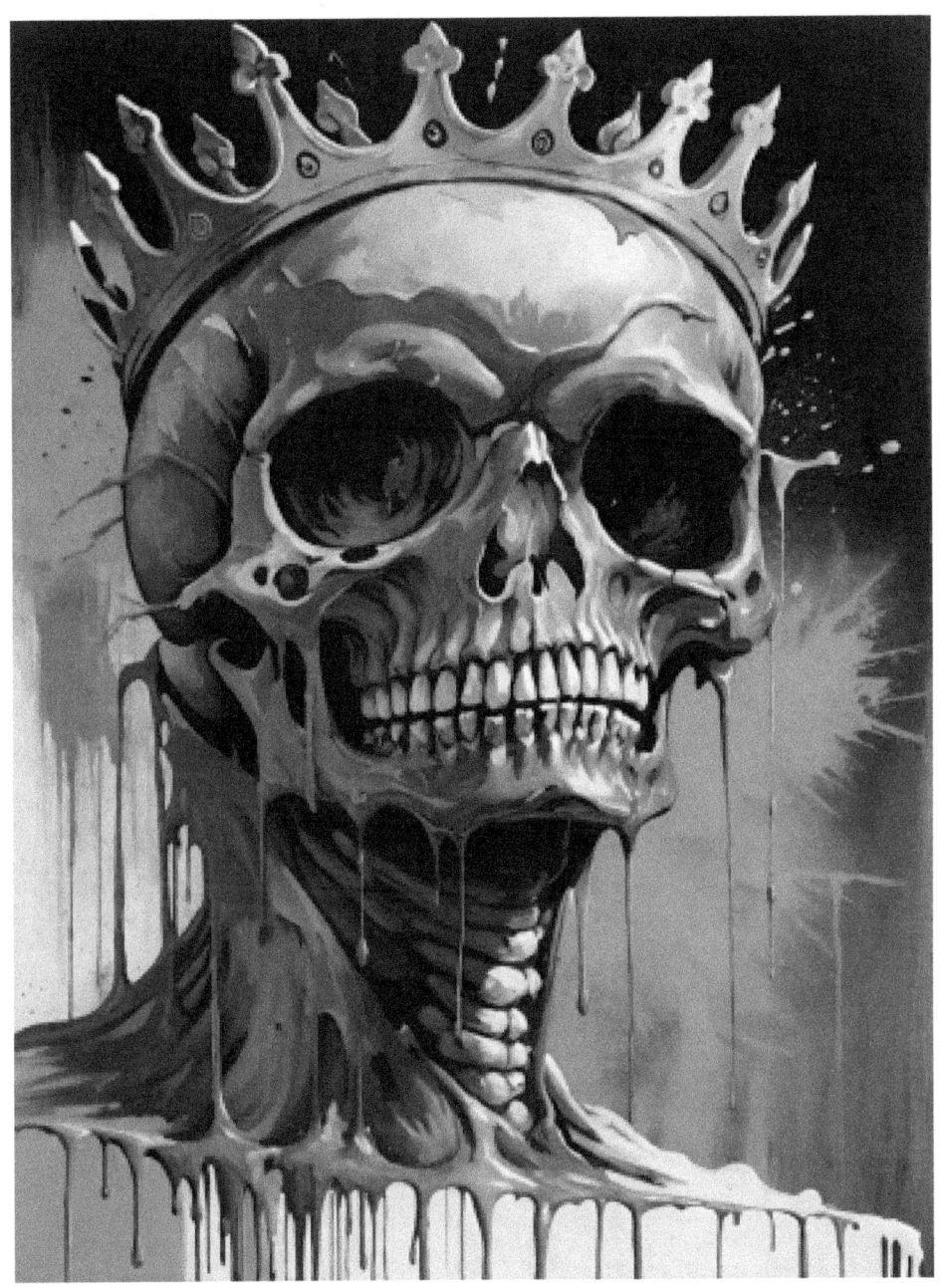

Jedidiah Drotar

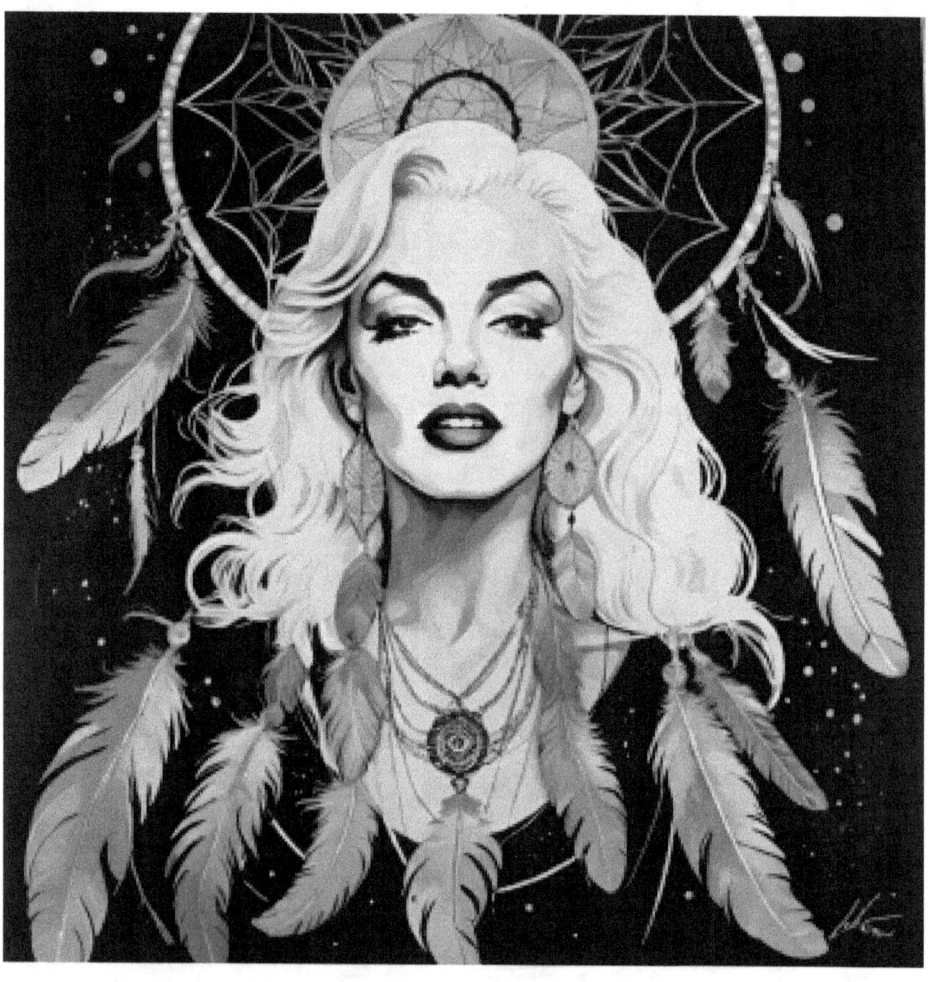

Jedidiah de los Muertos

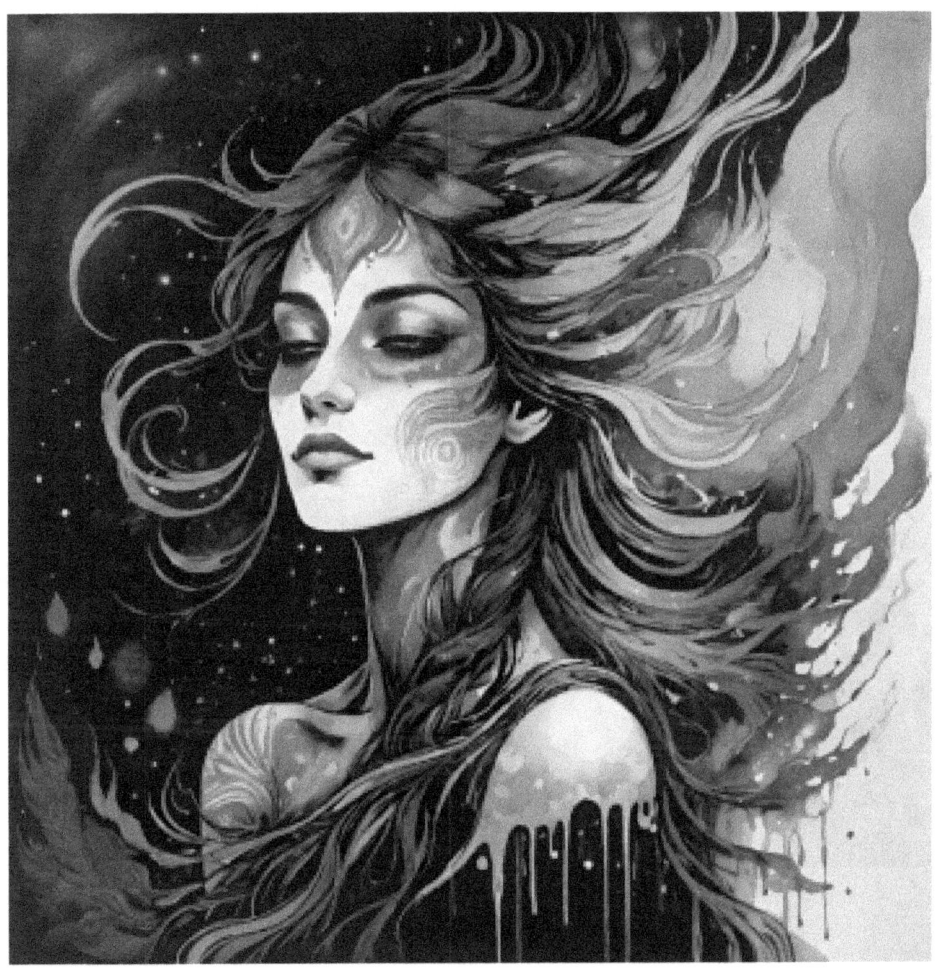

Jedidiah Drotar

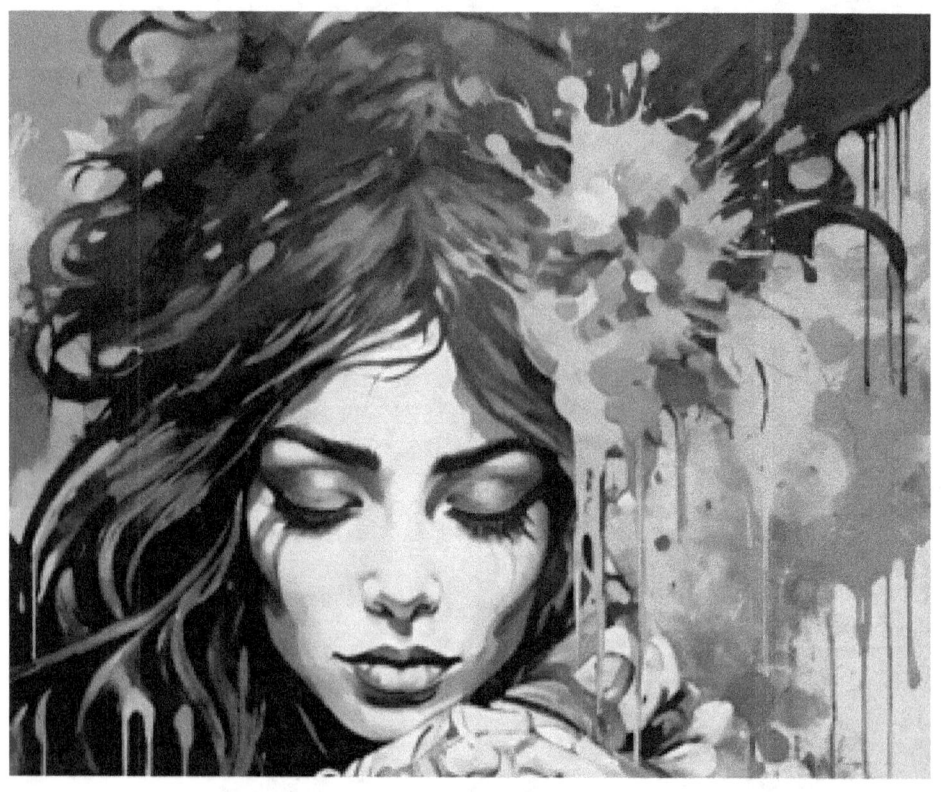

Jedidiah de los Muertos

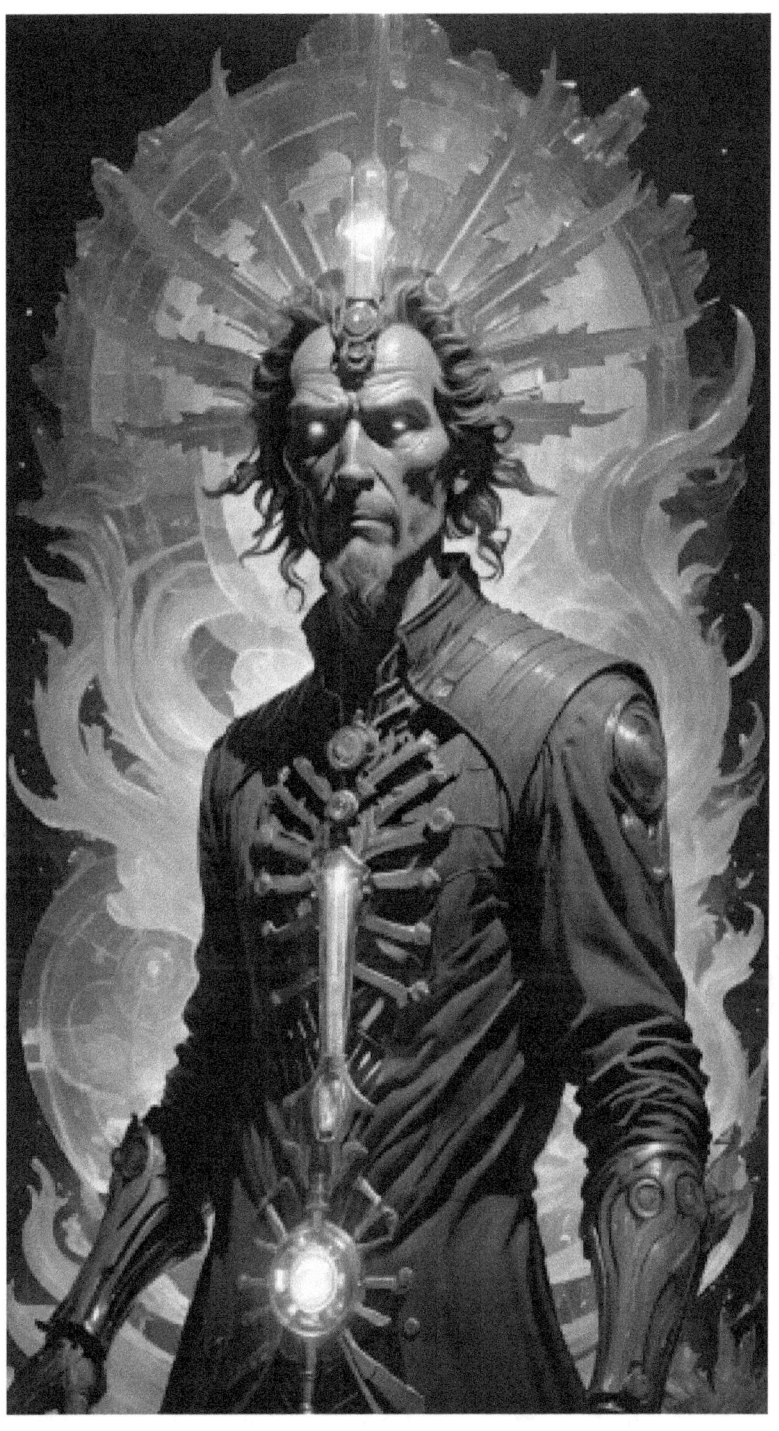

Jedidiah Drotar

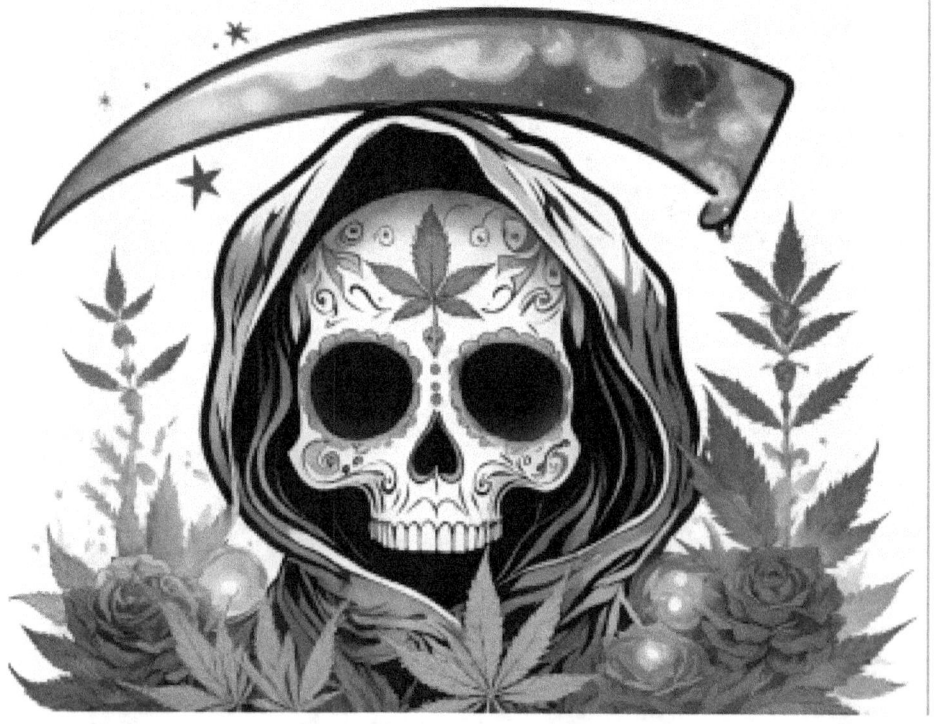

Jedidiah de los Muertos

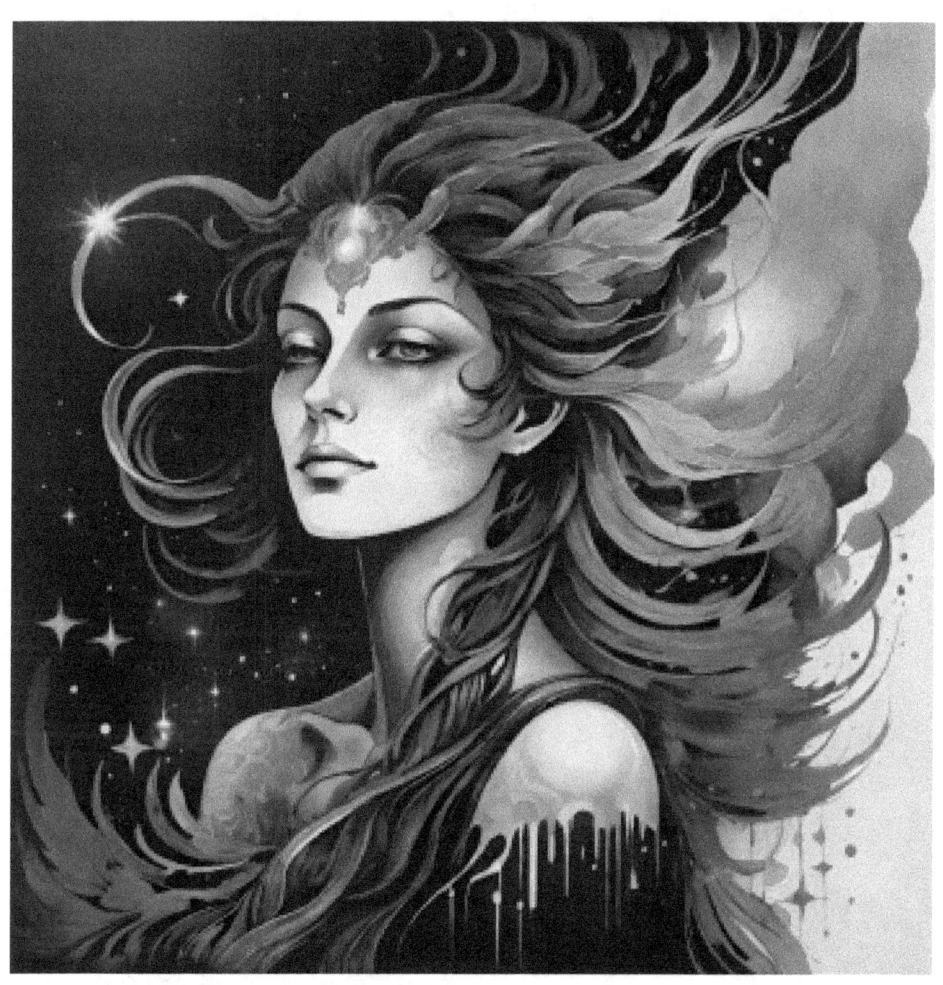

Jedidiah Drotar

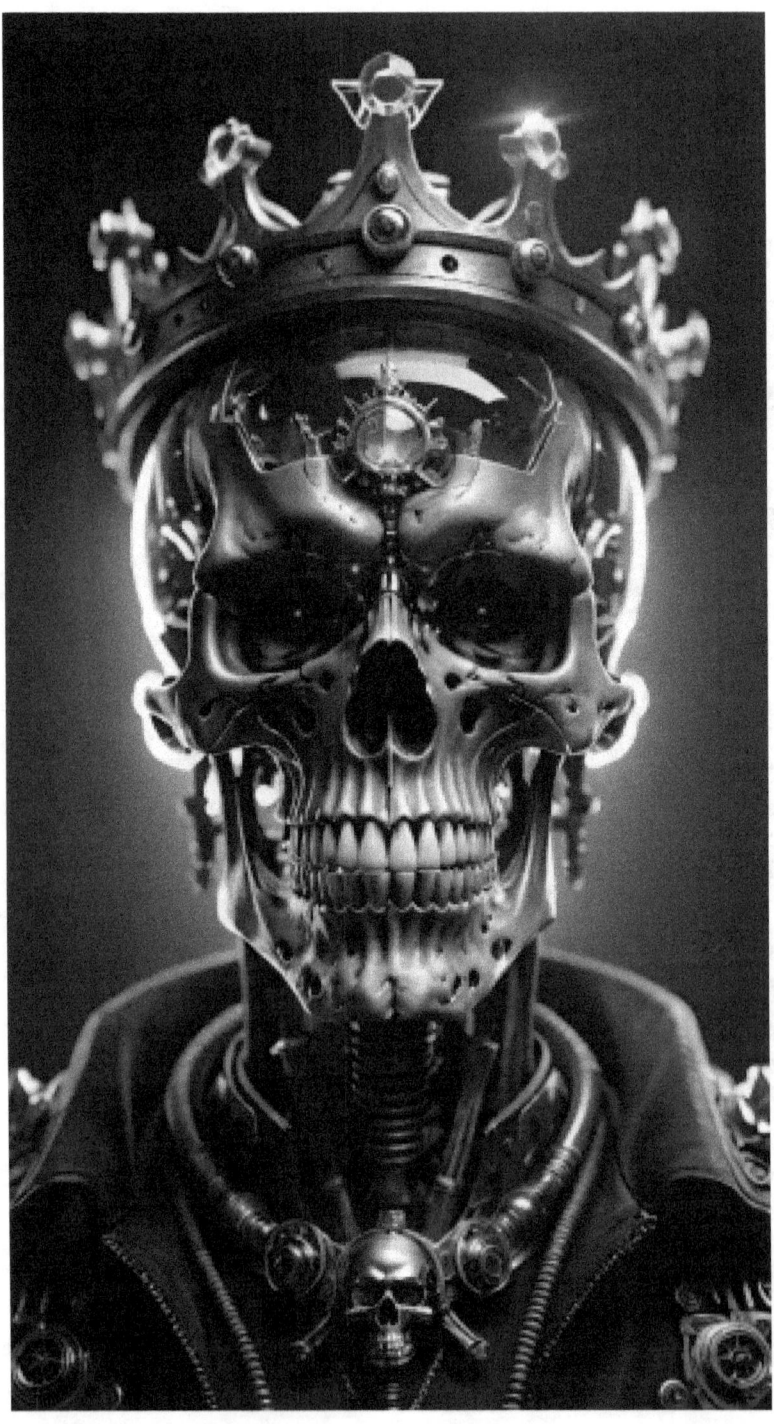

Jedidiah de los Muertos

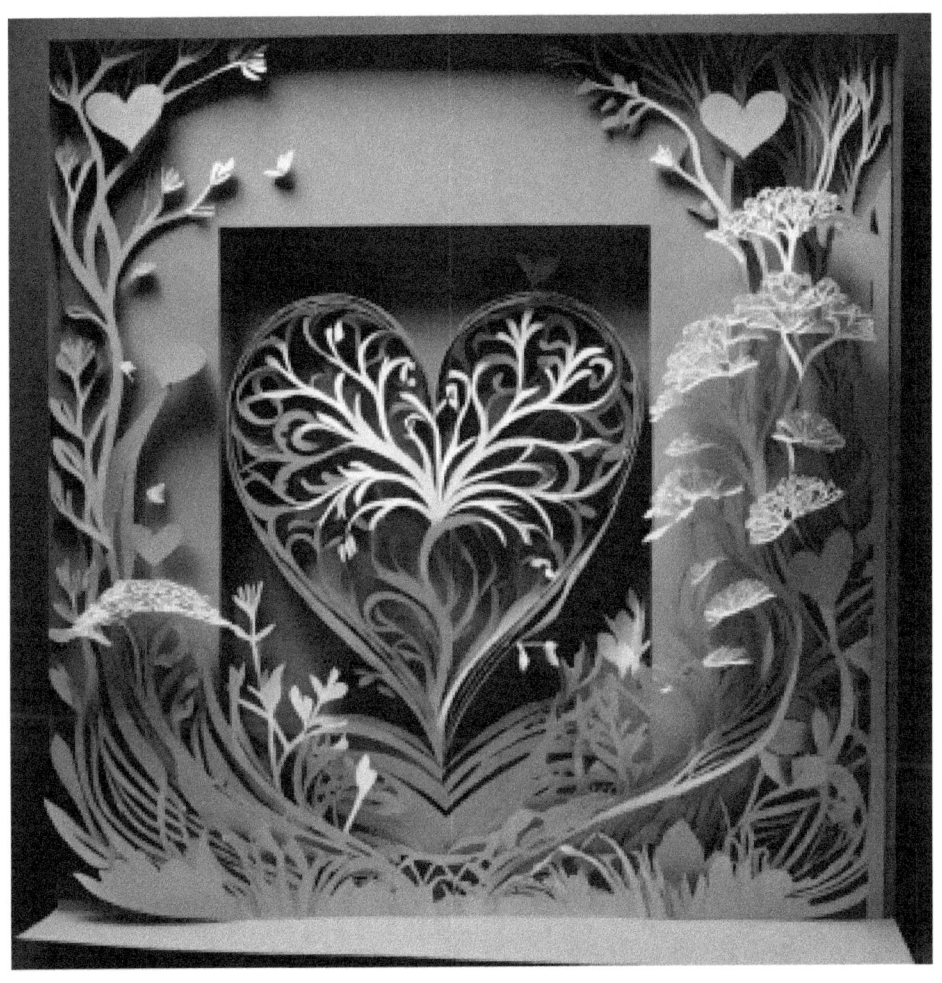

Jedidiah Drotar

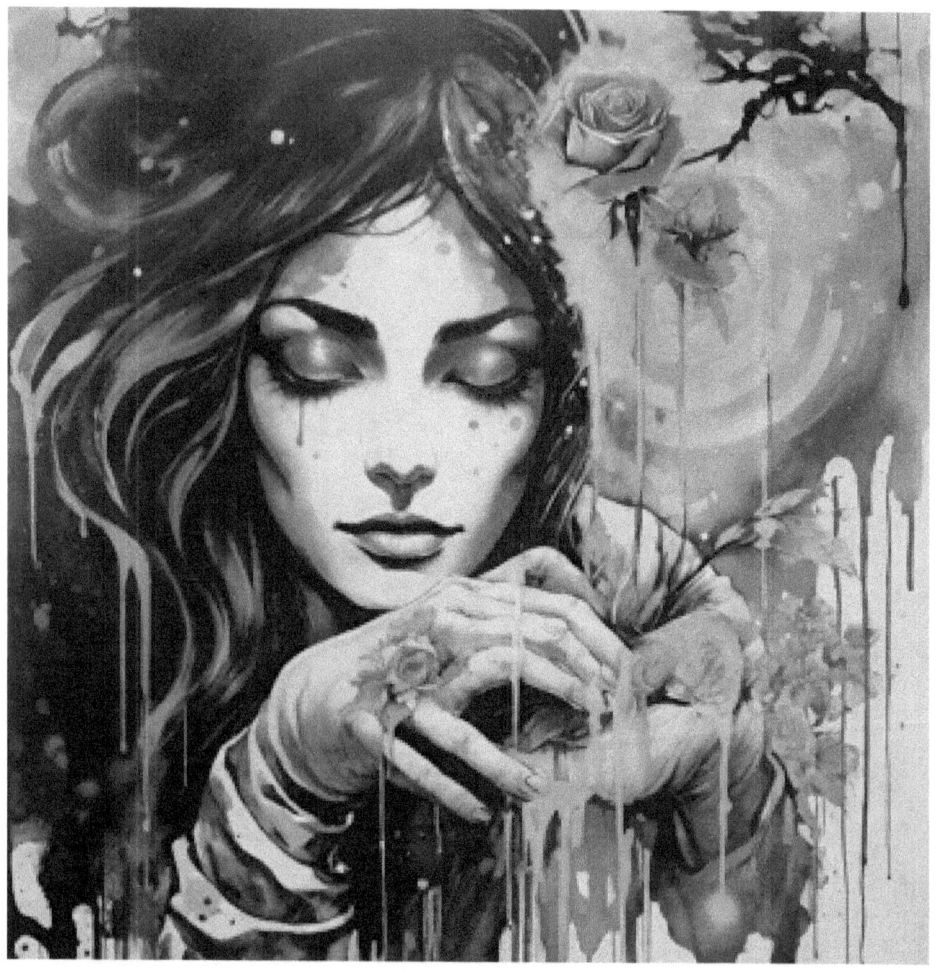

Jedidiah de los Muertos

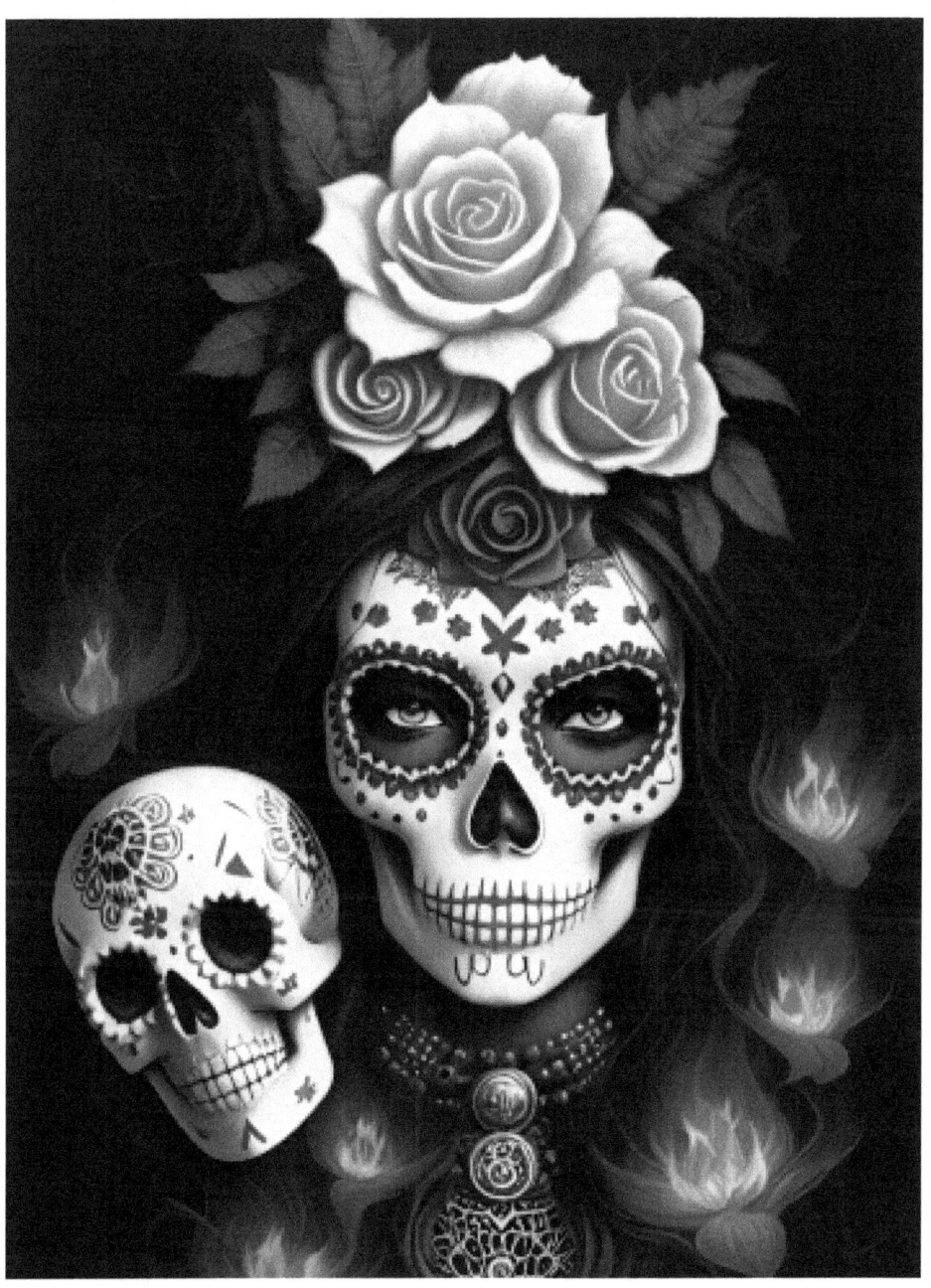

Jedidiah Drotar

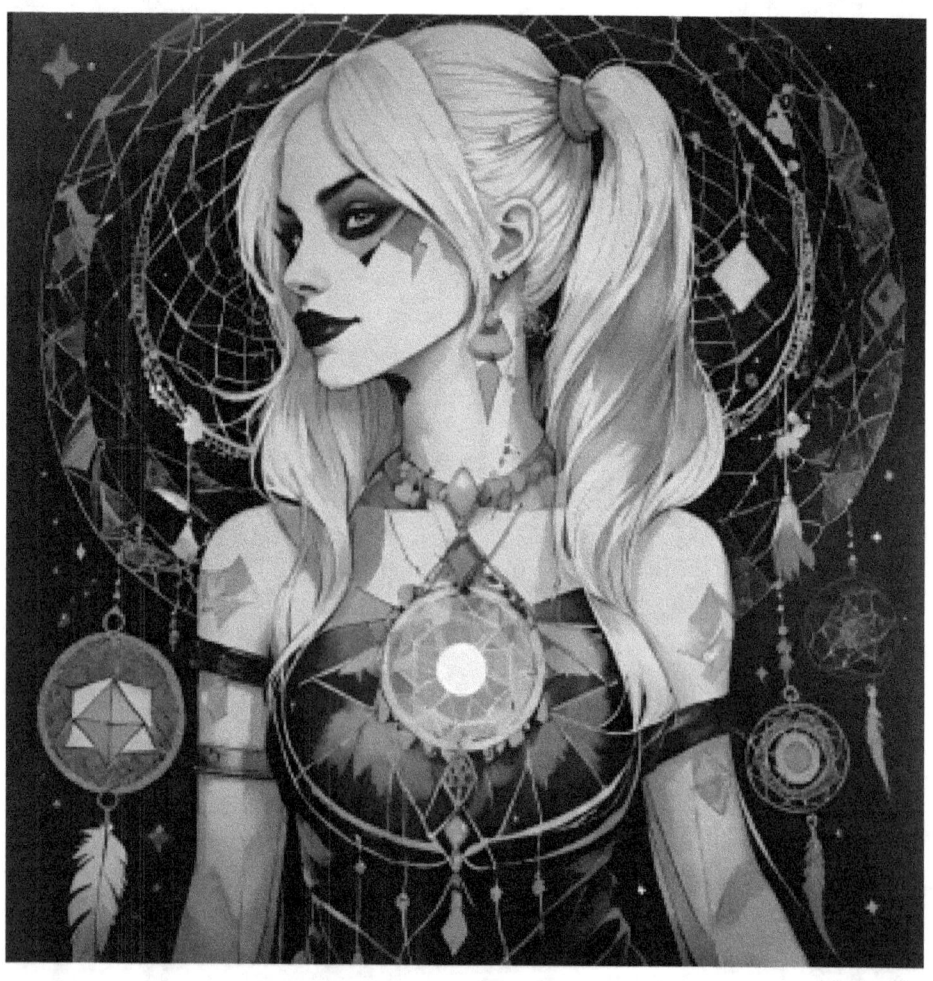

Jedidiah de los Muertos

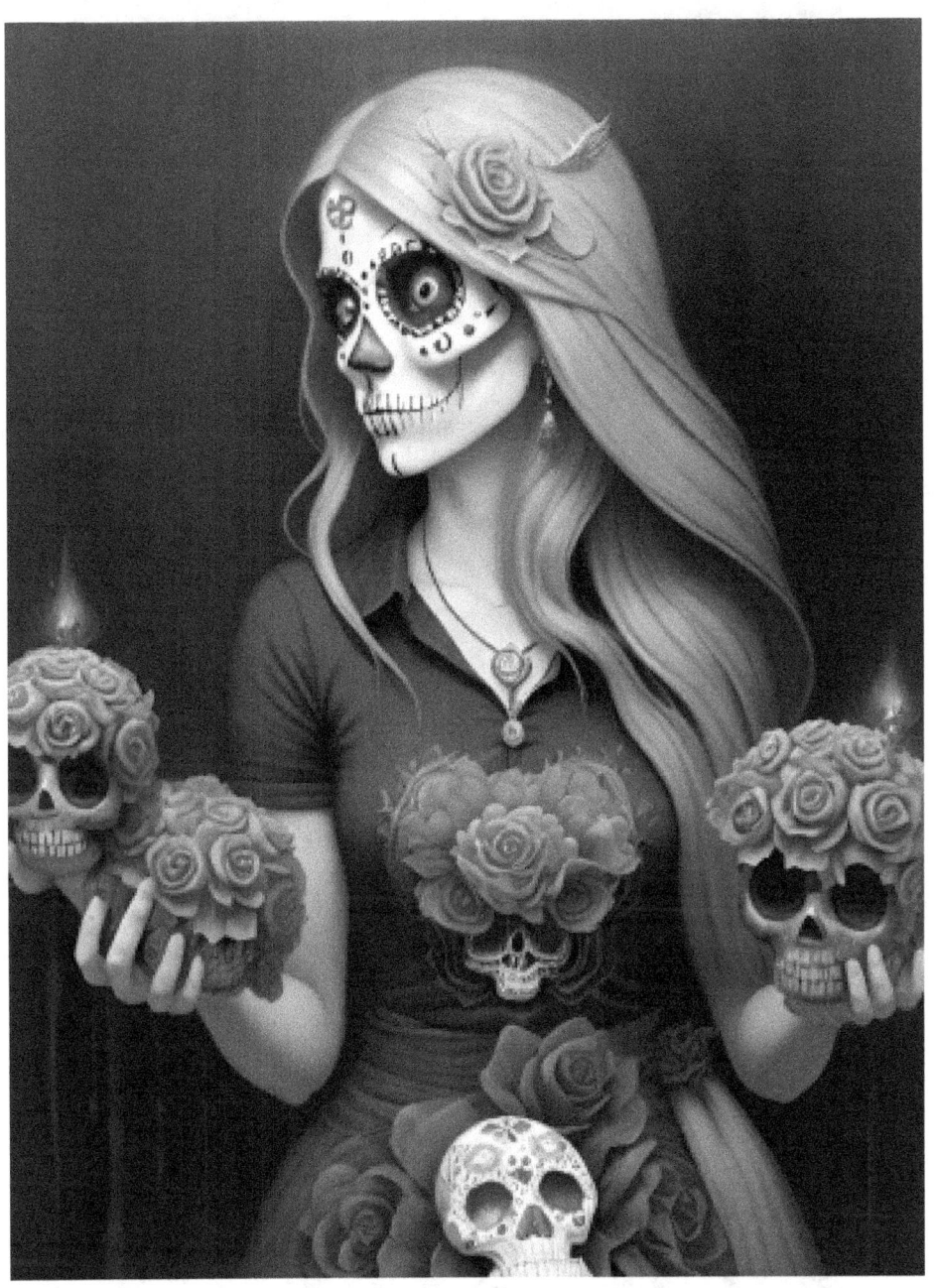

Jedidiah Drotar

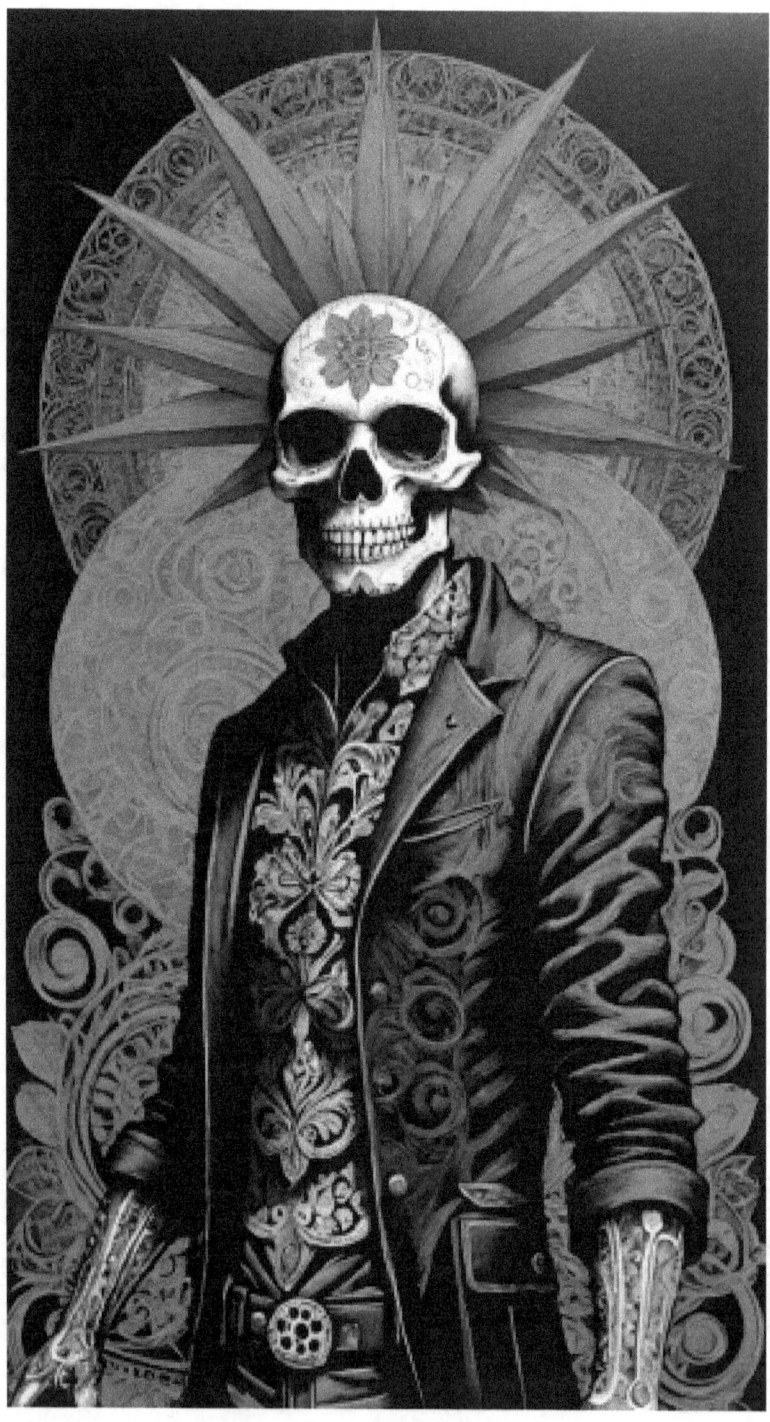

Jedidiah de los Muertos

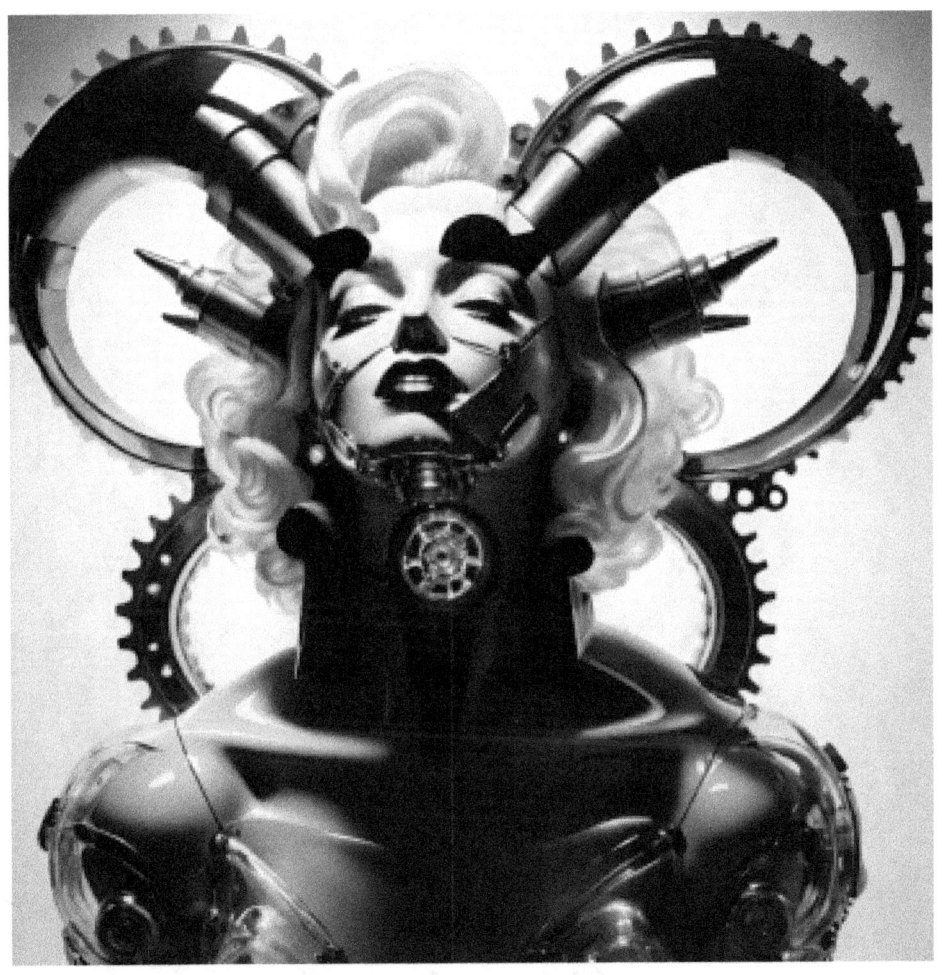

Jedidiah Drotar

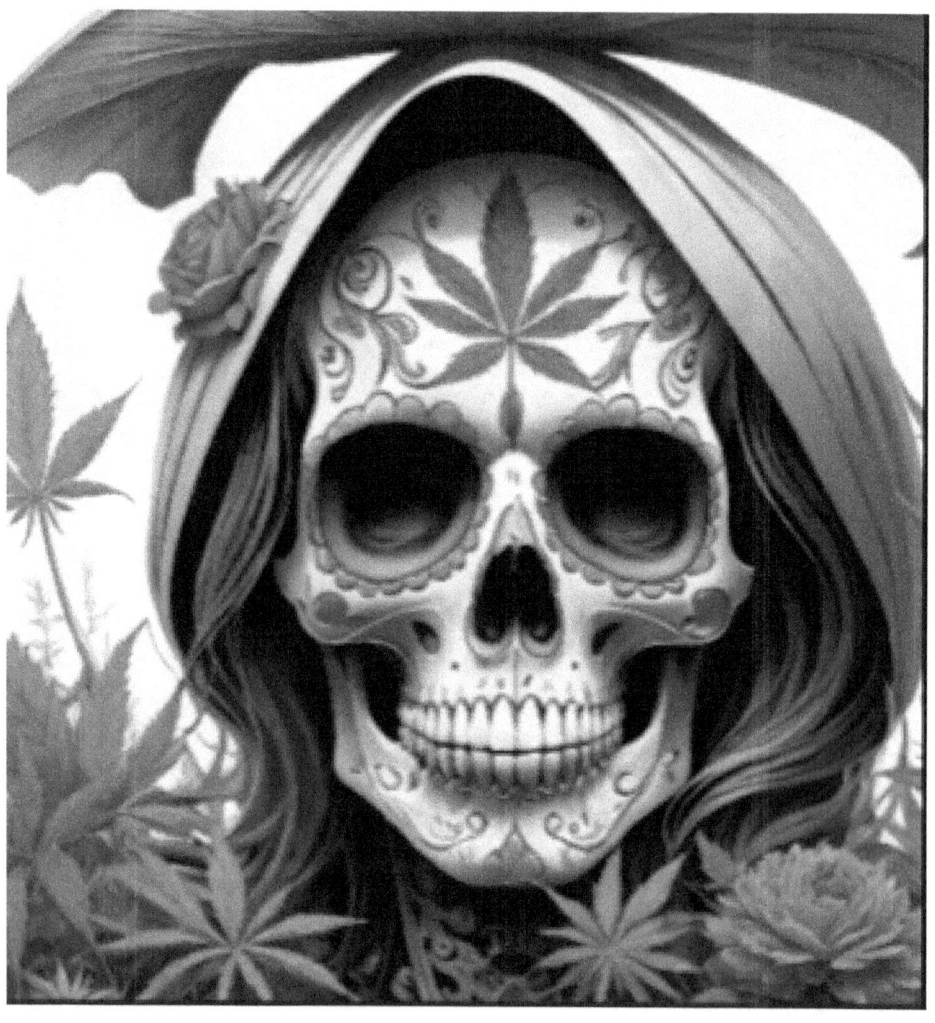

Jedidiah de los Muertos

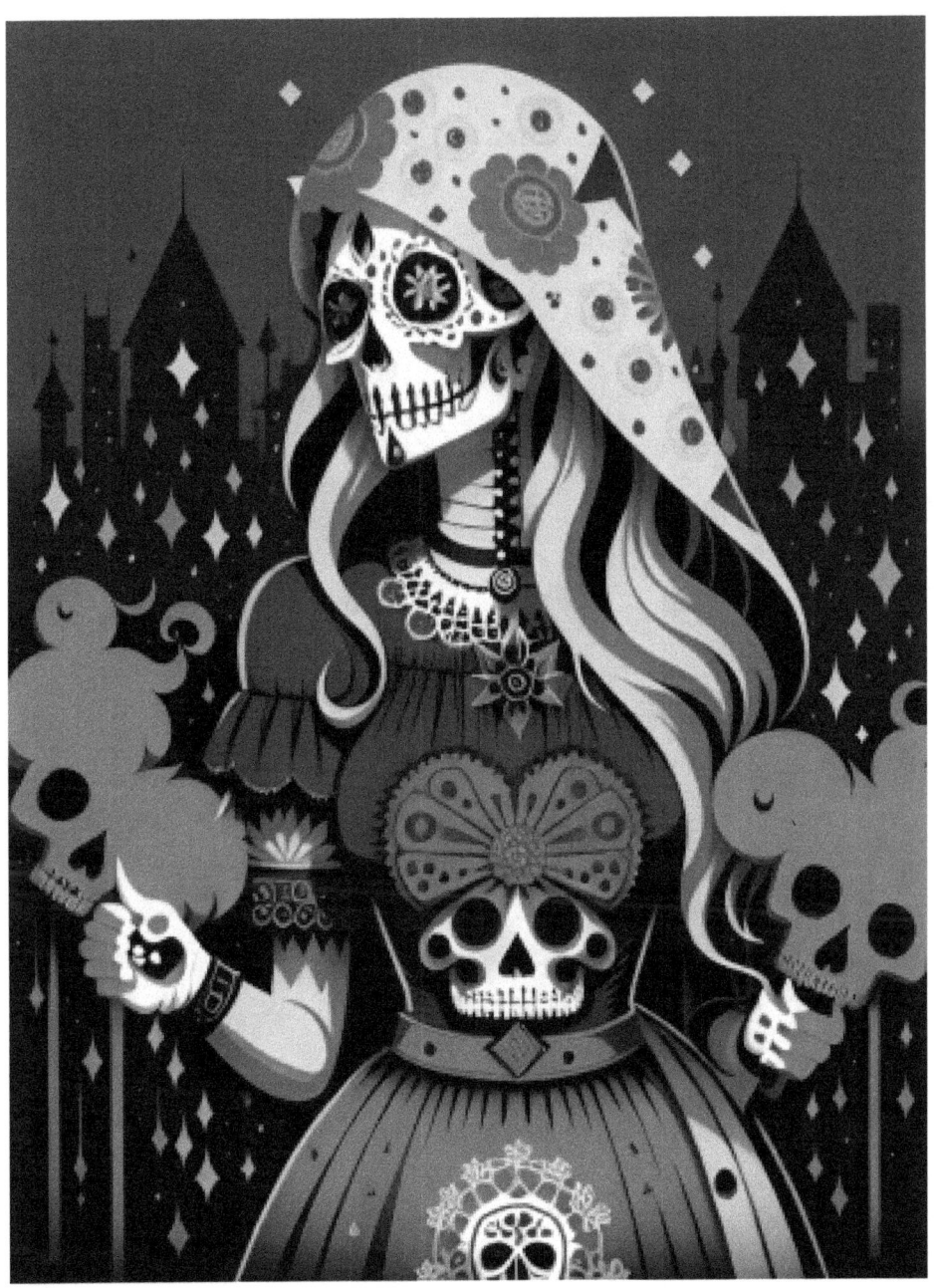

Jedidiah Drotar

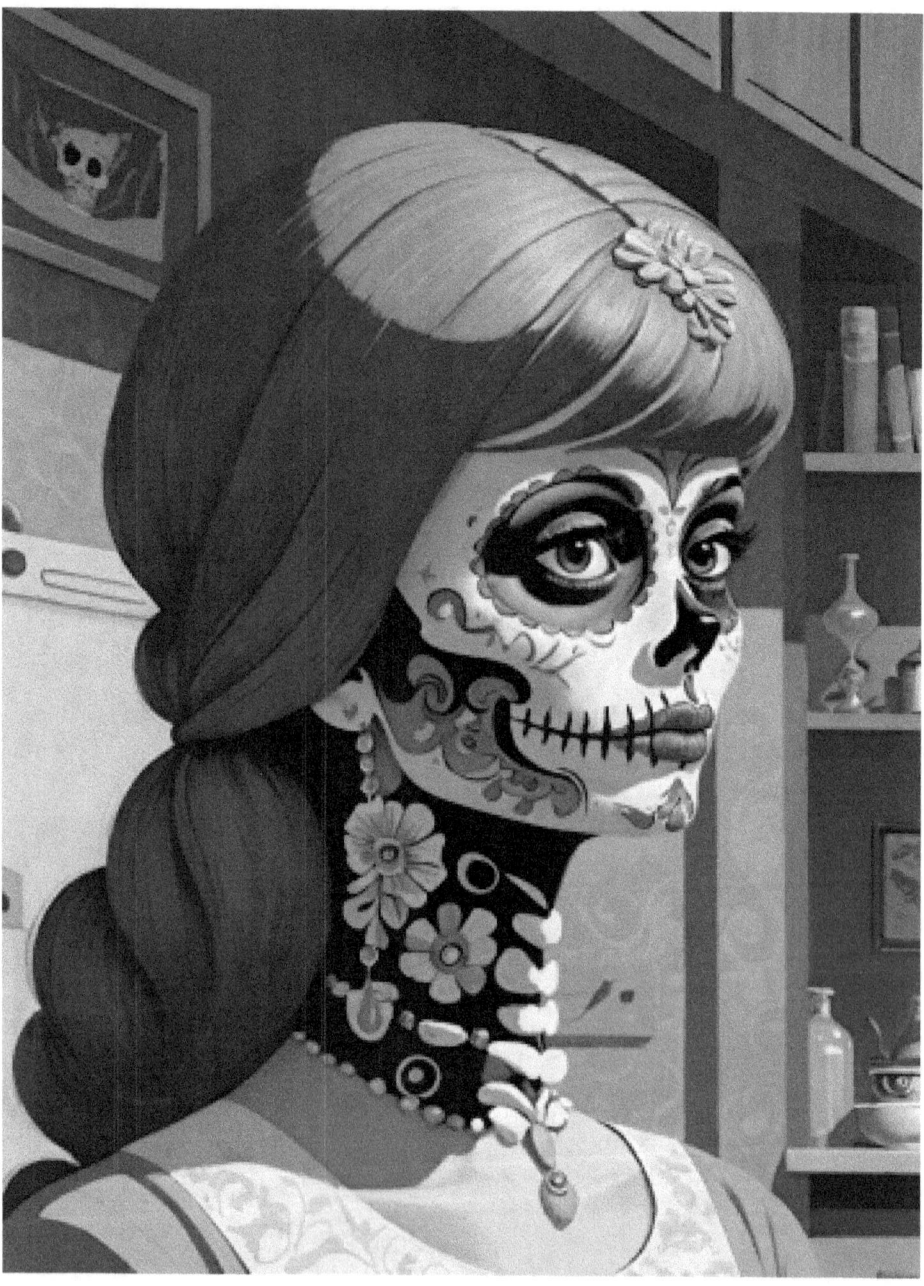

Jedidiah de los Muertos

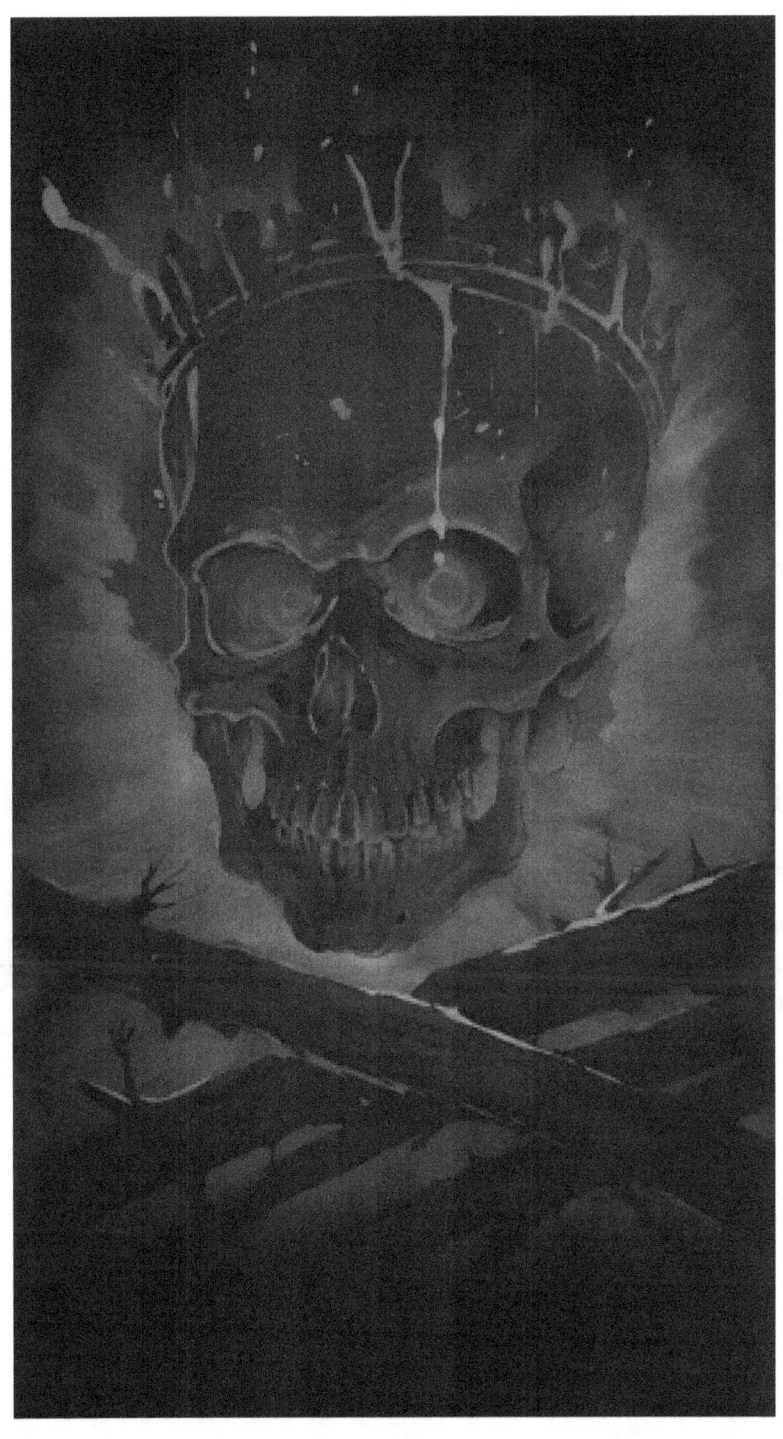

Jedidiah Drotar

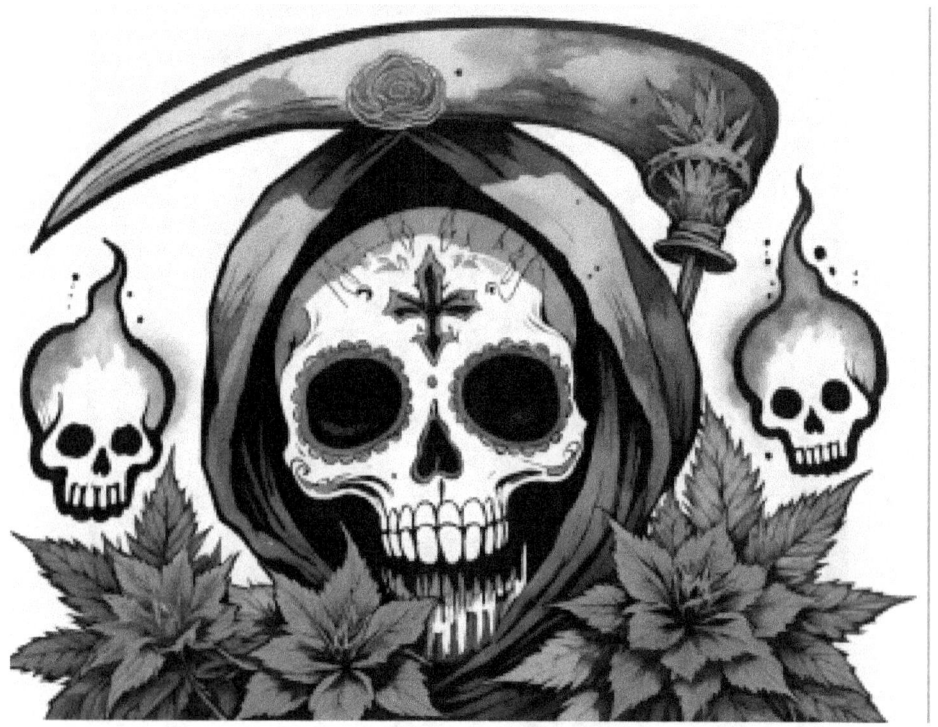

Jedidiah de los Muertos

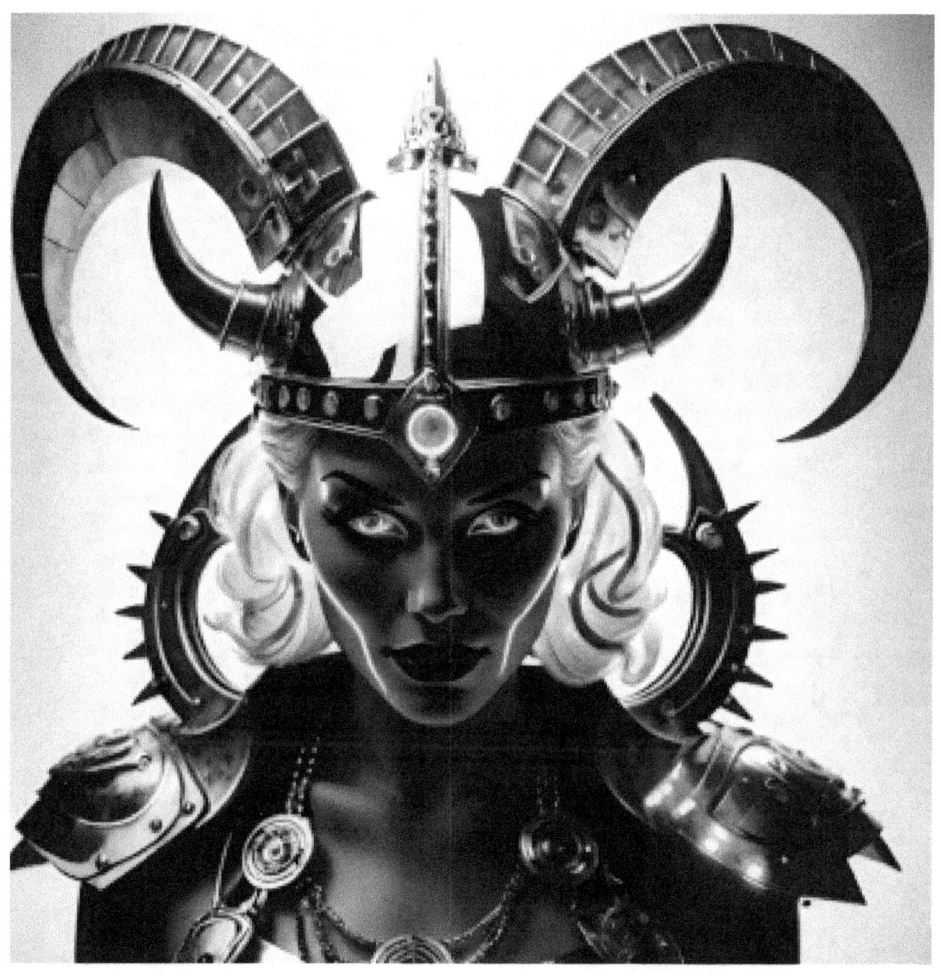

Jedidiah Drotar

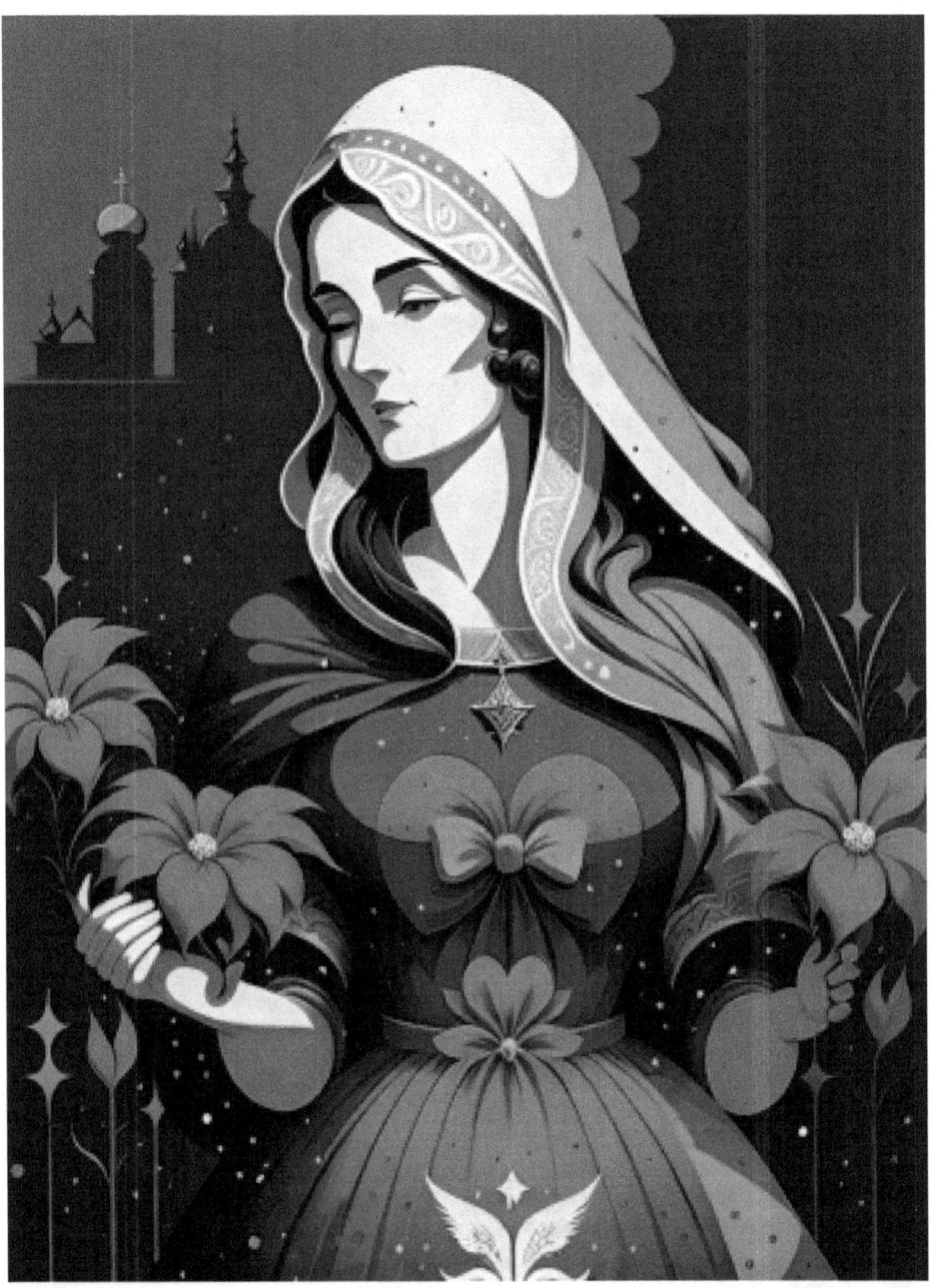

Jedidiah de los Muertos

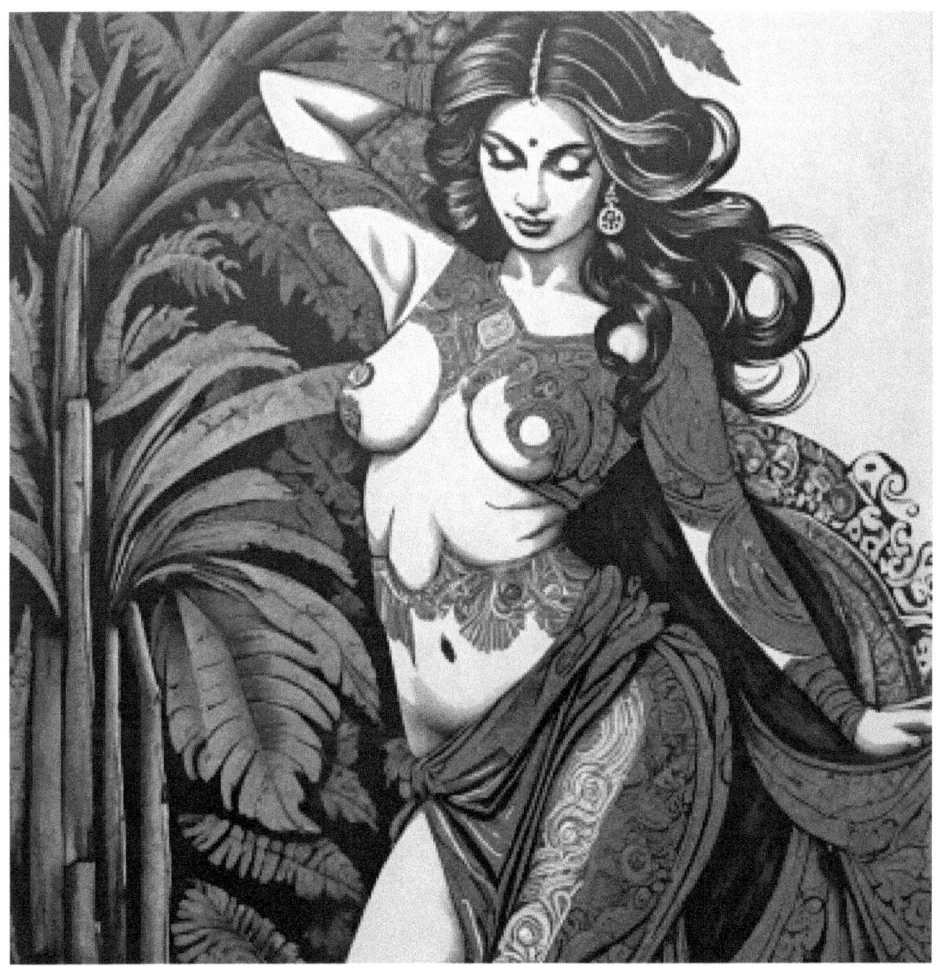

Jedidiah Drotar

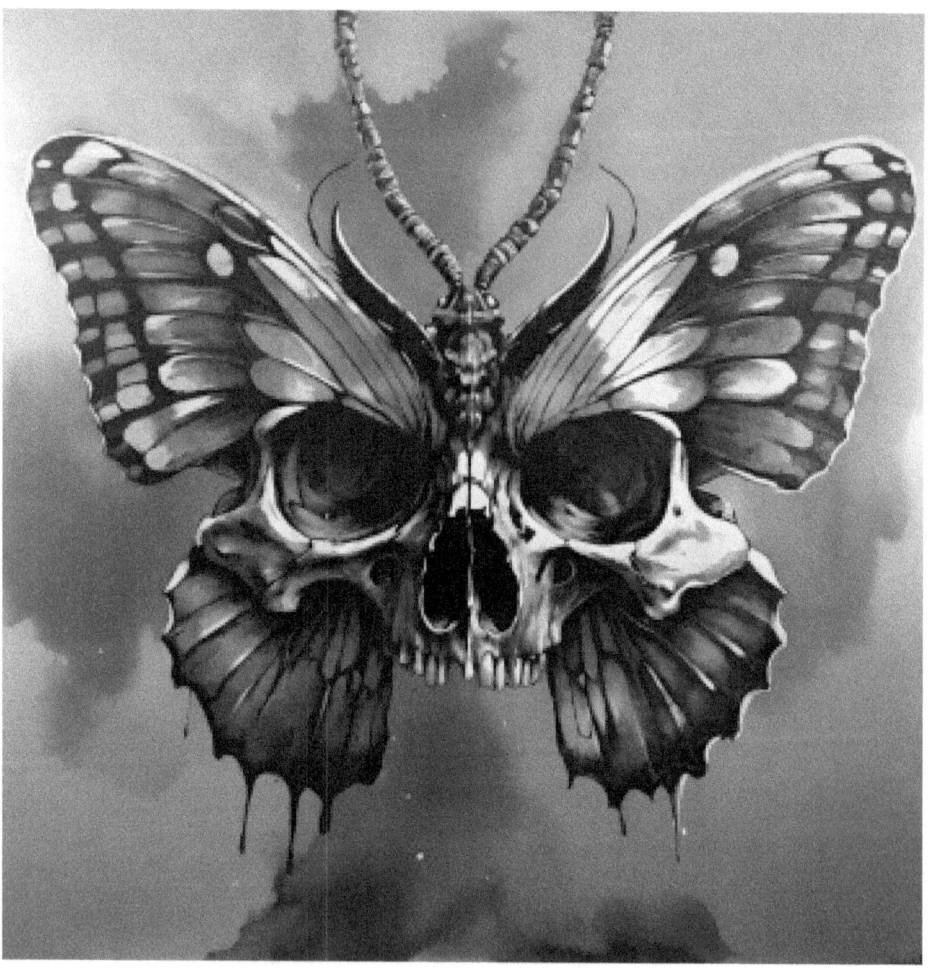

Jedidiah de los Muertos

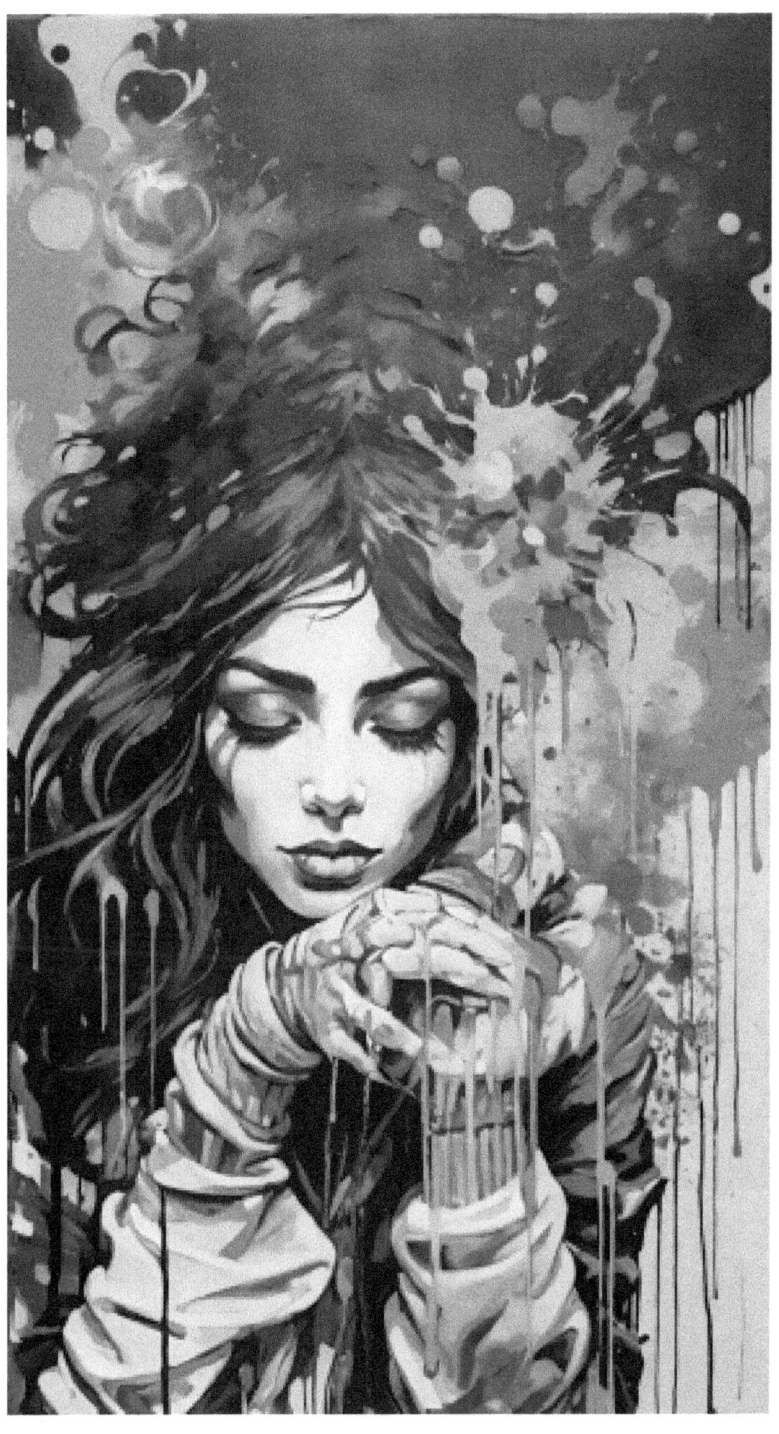

Jedidiah Drotar

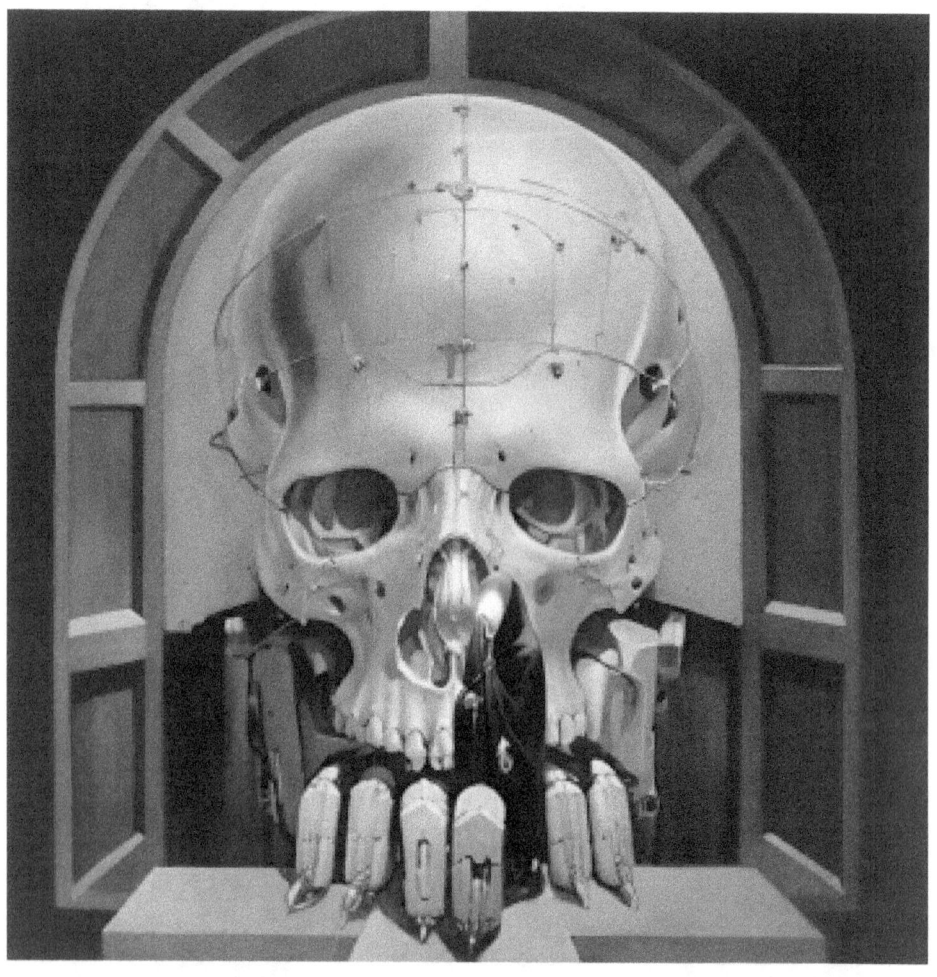

Jedidiah de los Muertos

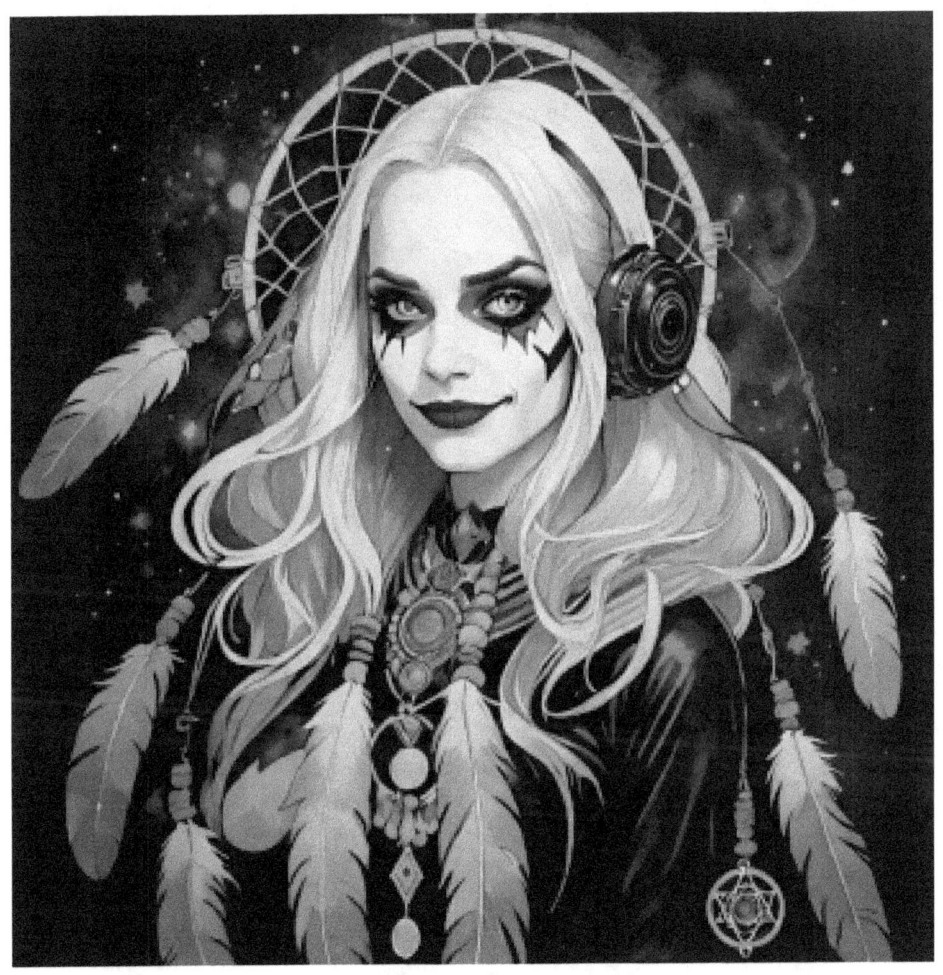

Jedidiah Drotar

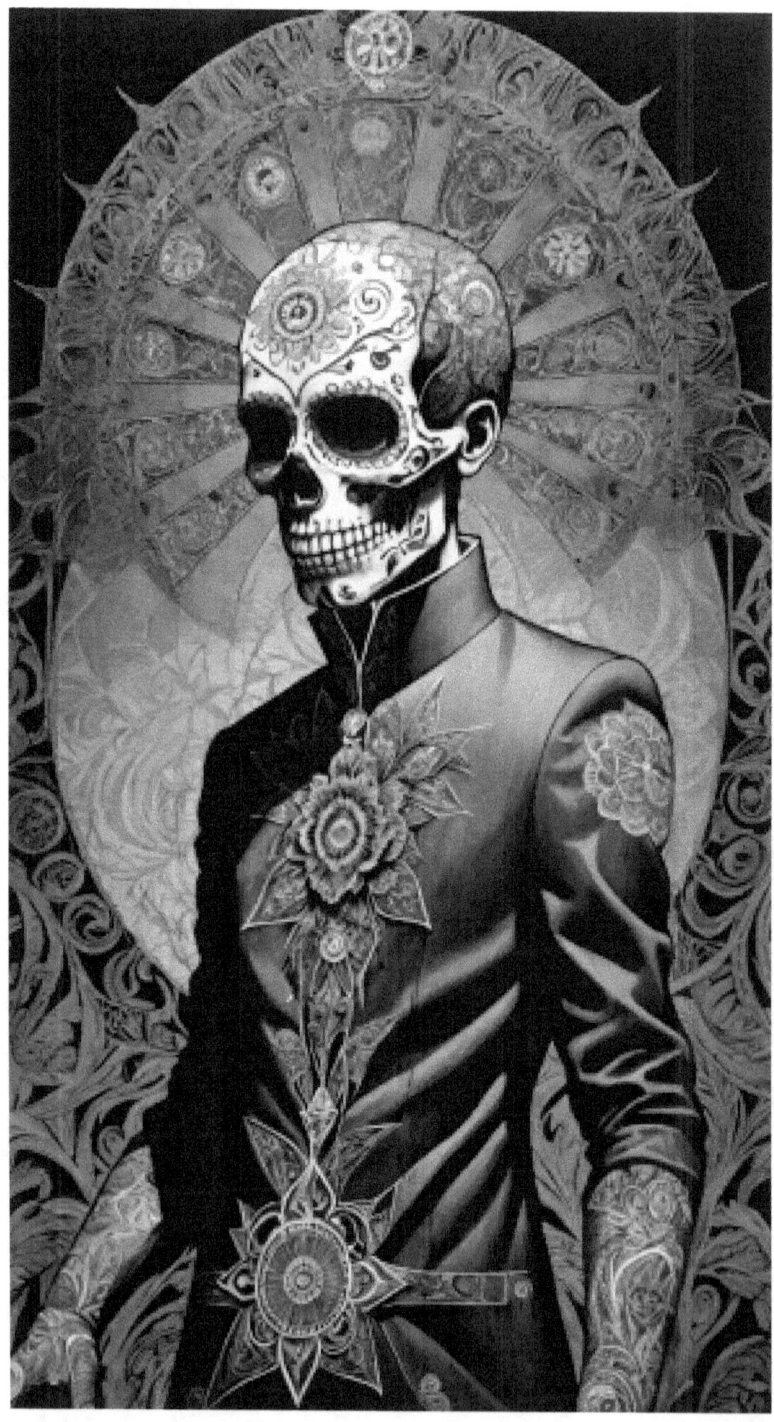

Jedidiah de los Muertos

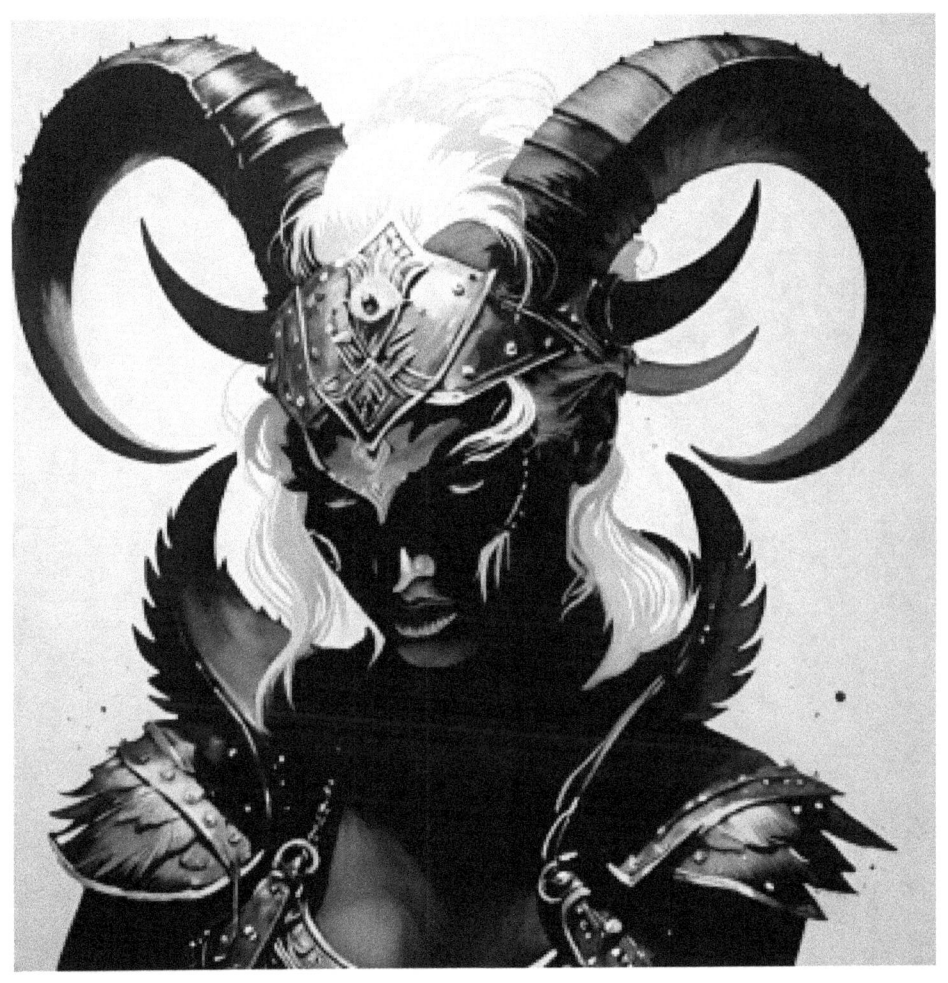

Jedidiah Drotar

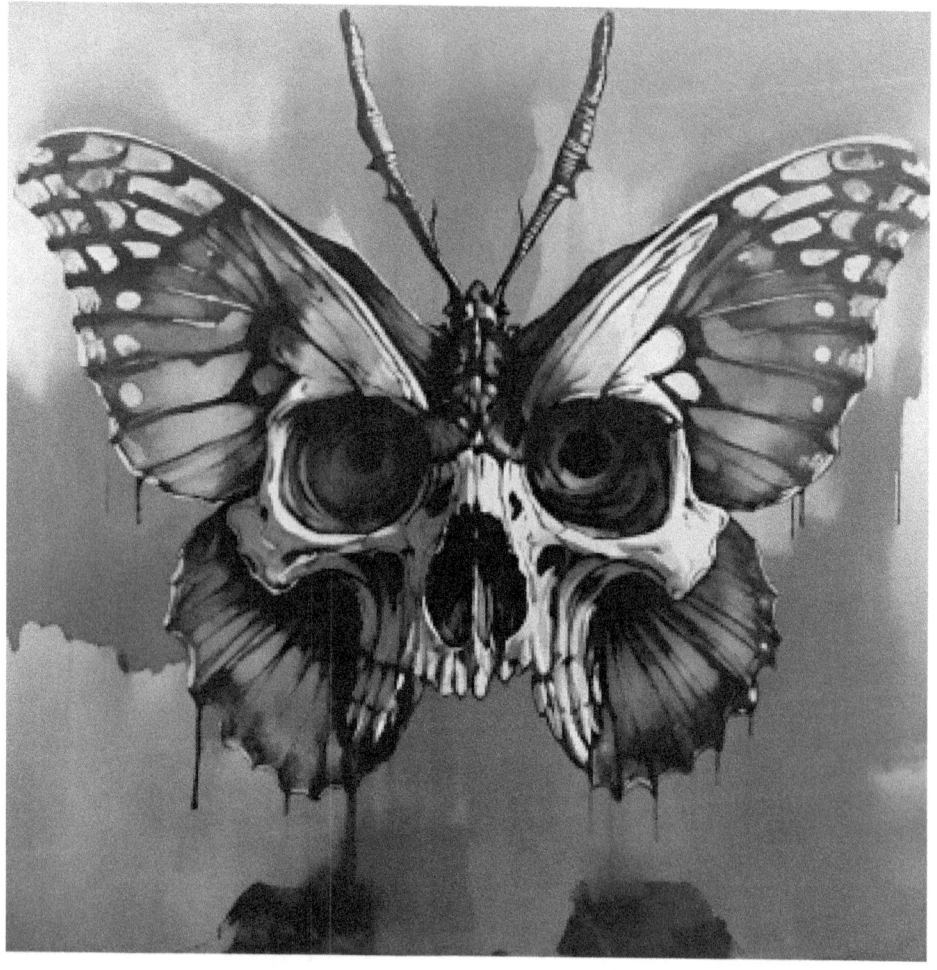

Jedidiah de los Muertos

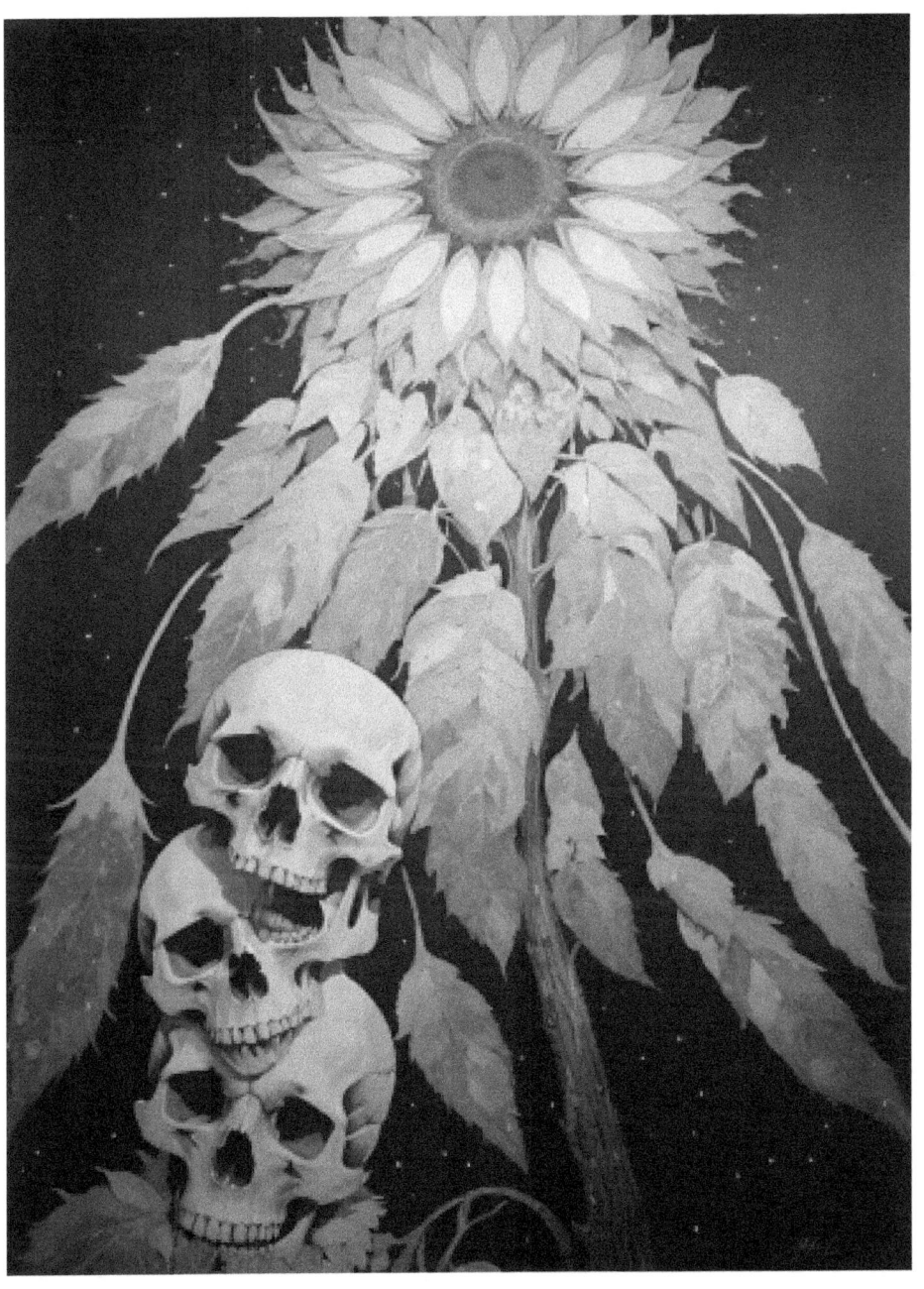

Jedidiah Drotar

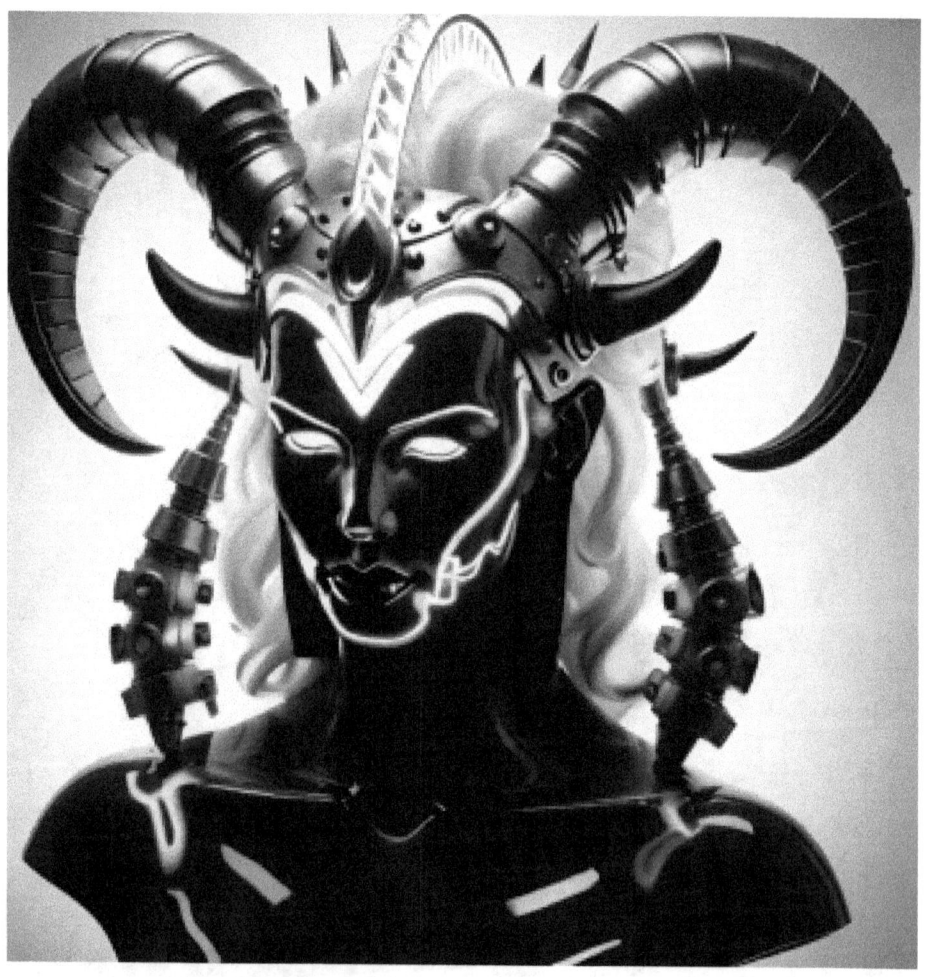

Jedidiah de los Muertos

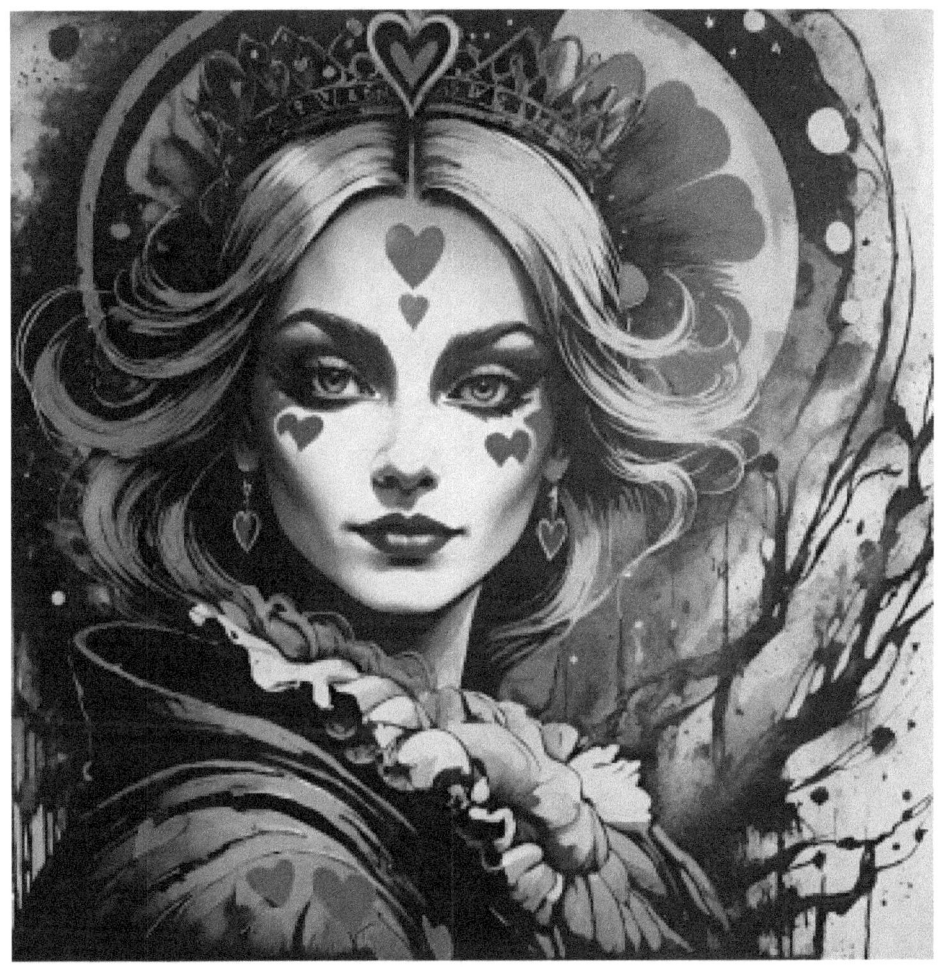

Jedidiah Drotar

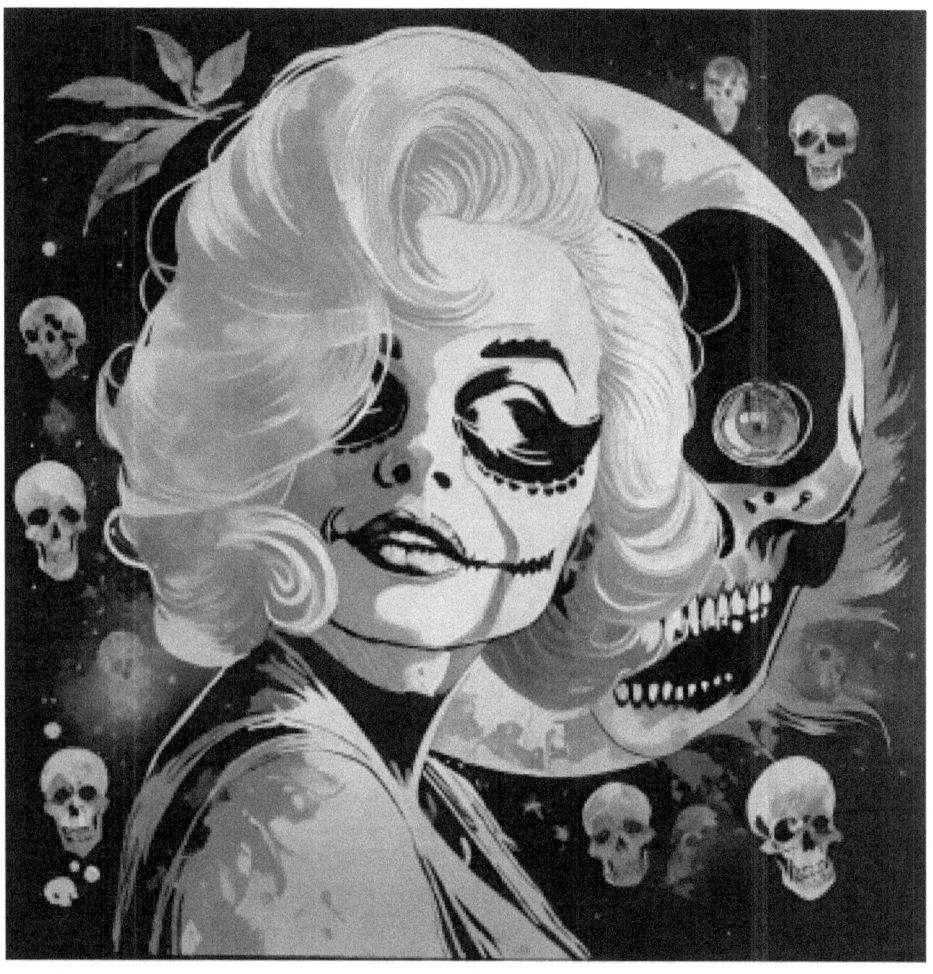

Jedidiah de los Muertos

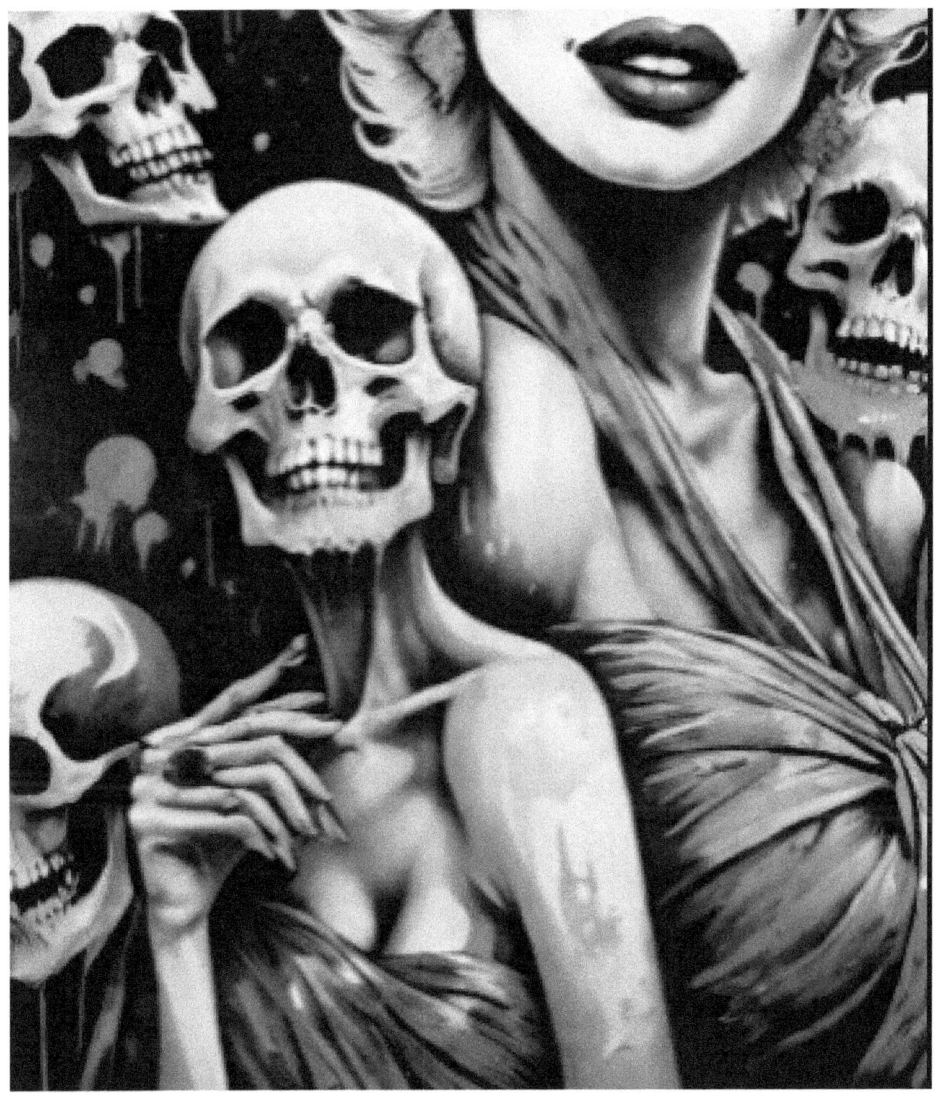

Jedidiah Drotar

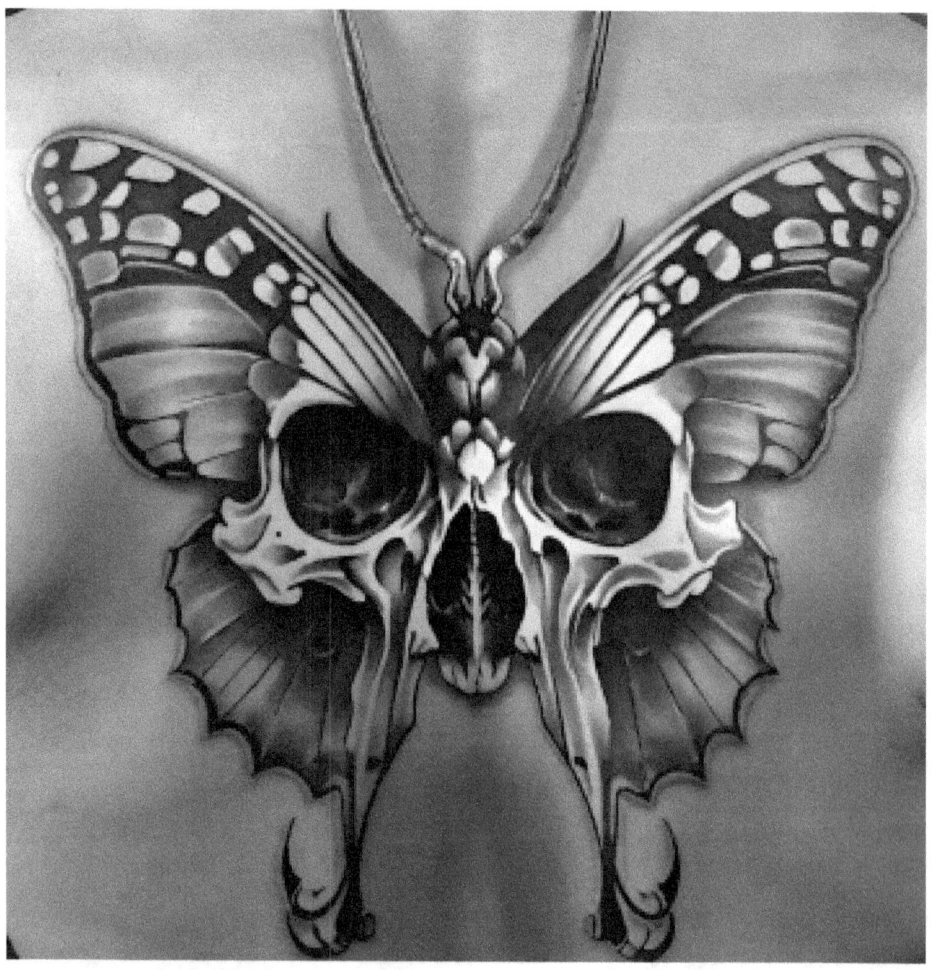

Jedidiah de los Muertos

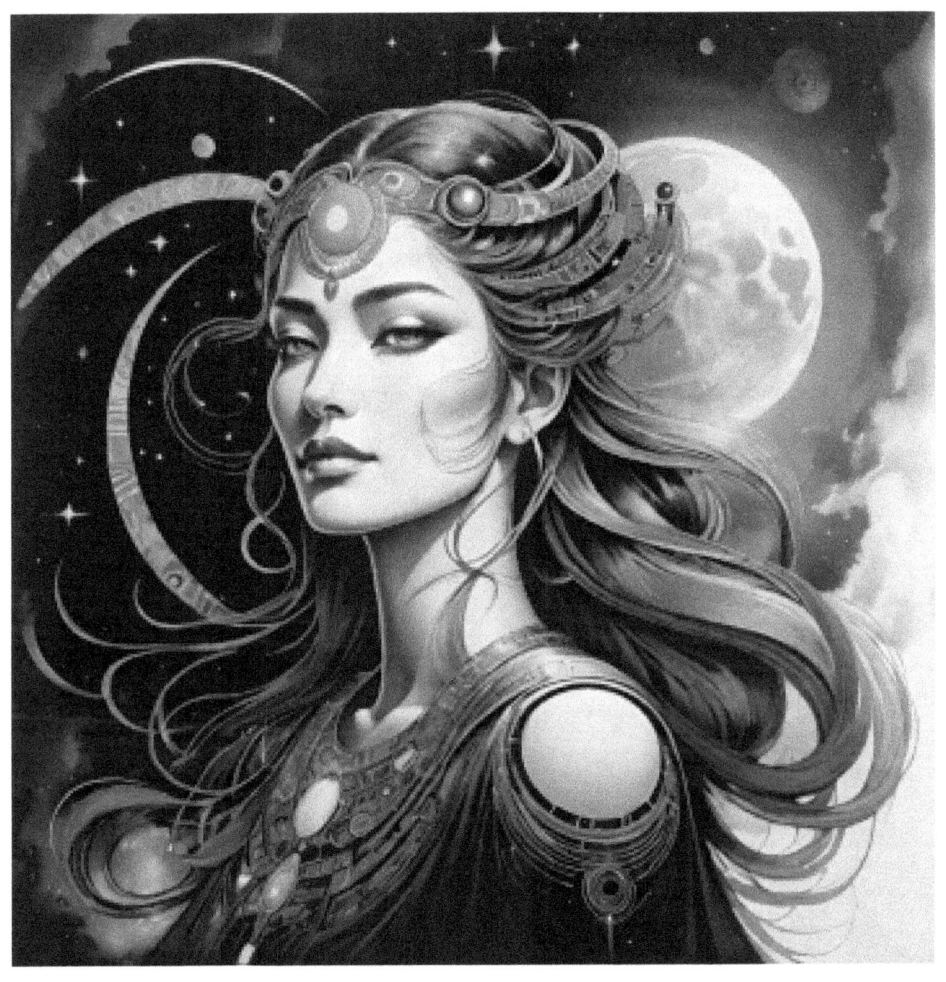

Jedidiah Drotar

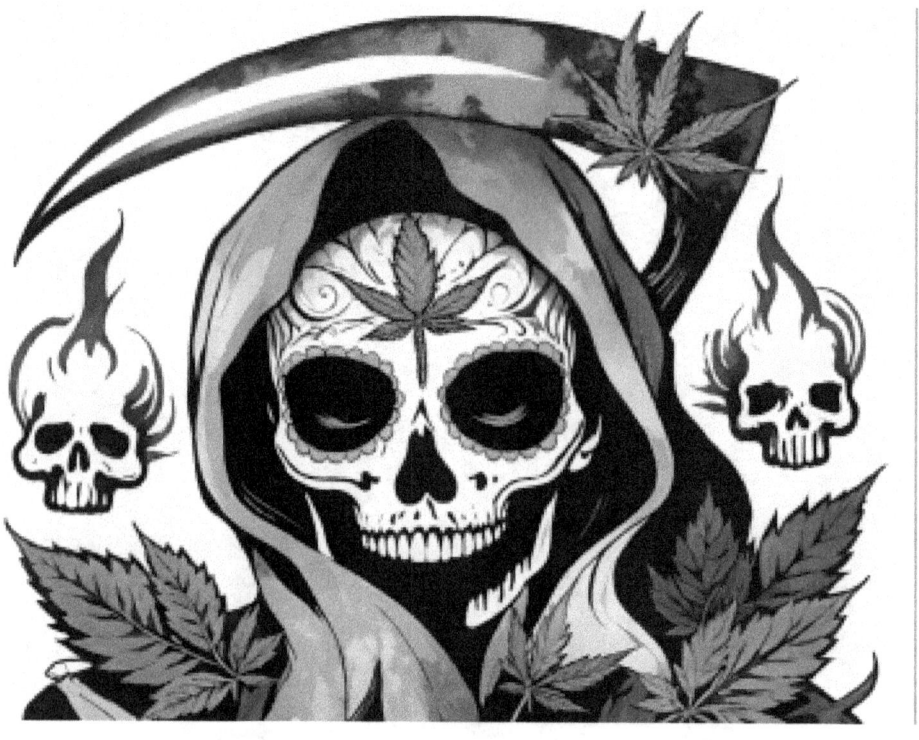

Jedidiah de los Muertos

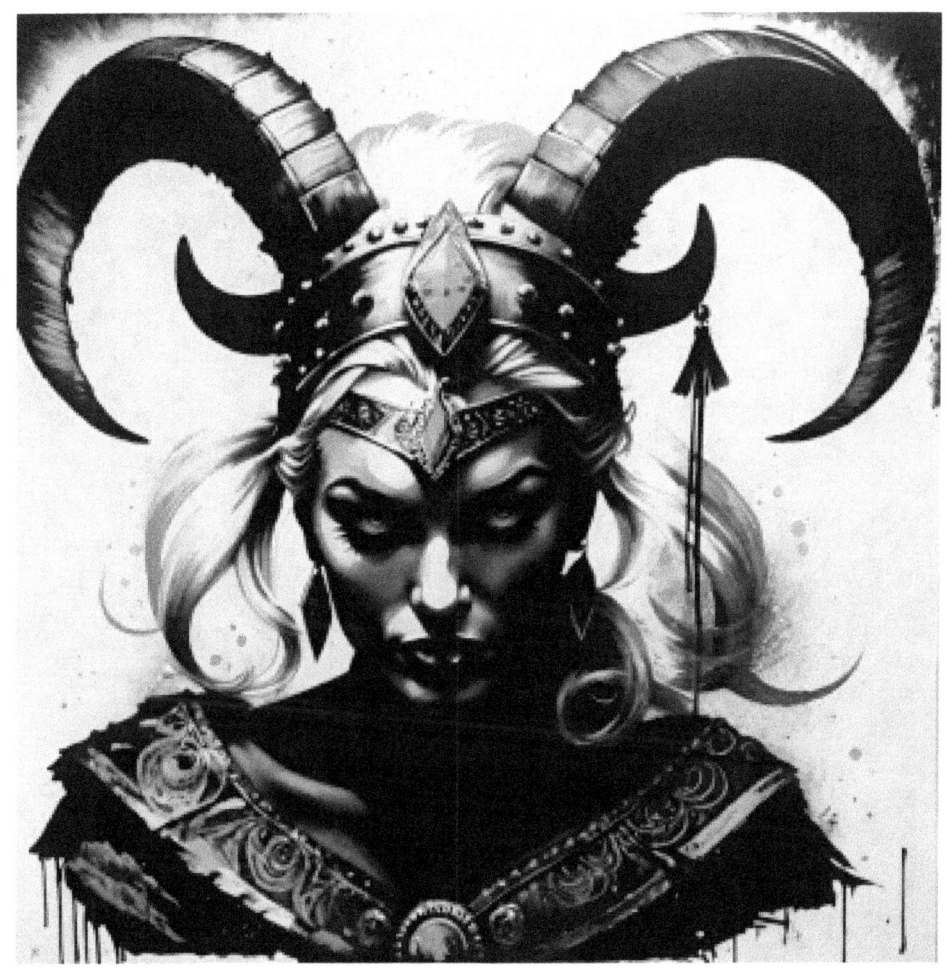

Jedidiah Drotar

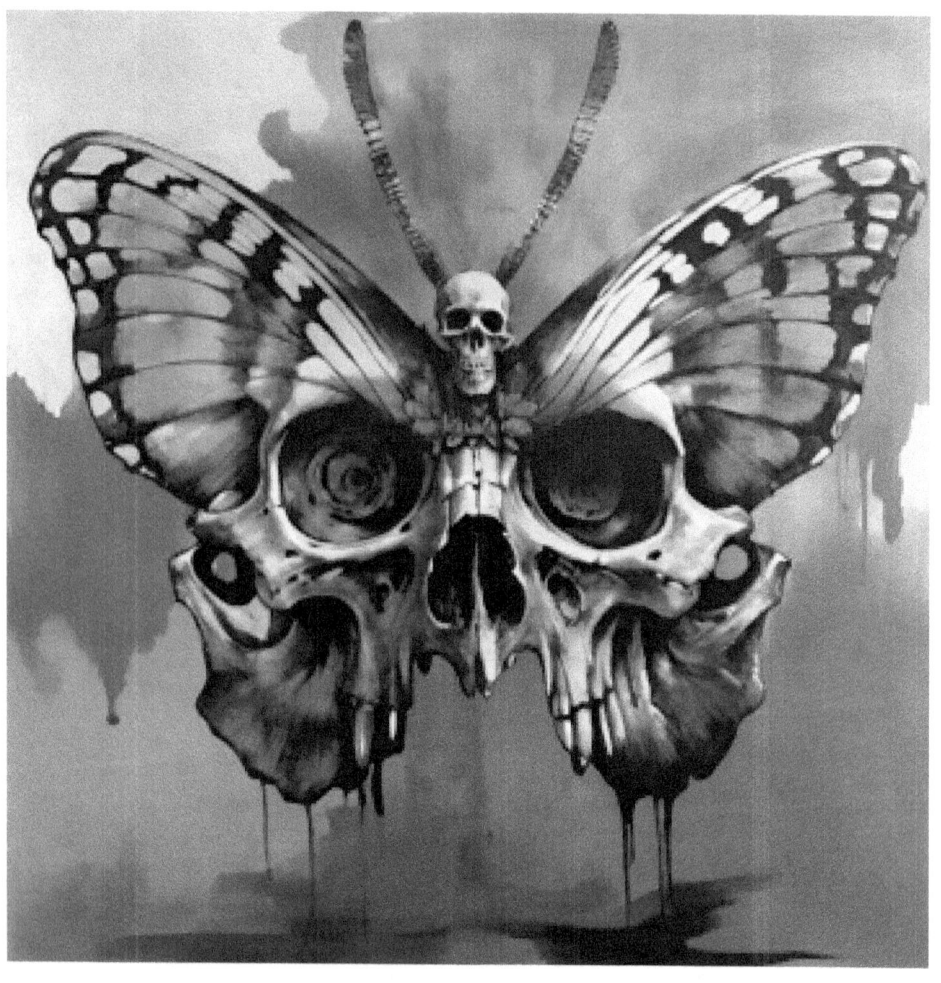

Jedidiah de los Muertos

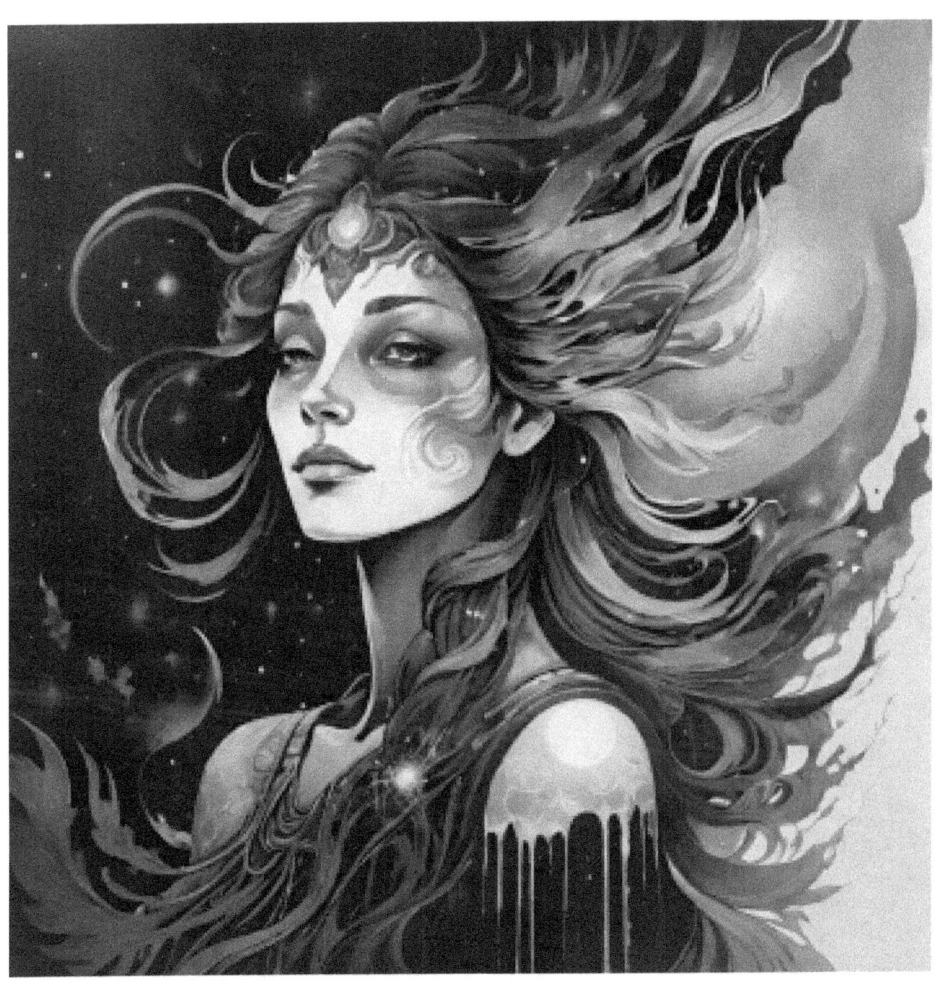

Jedidiah Drotar

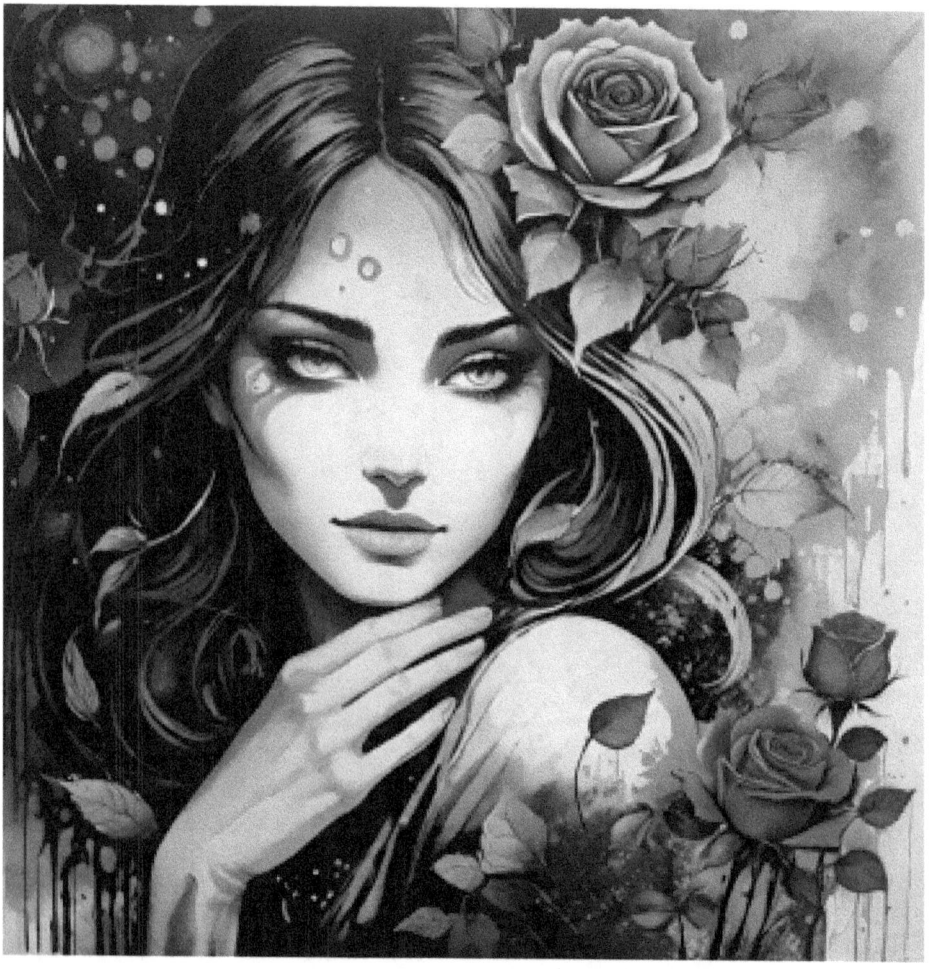

Jedidiah de los Muertos

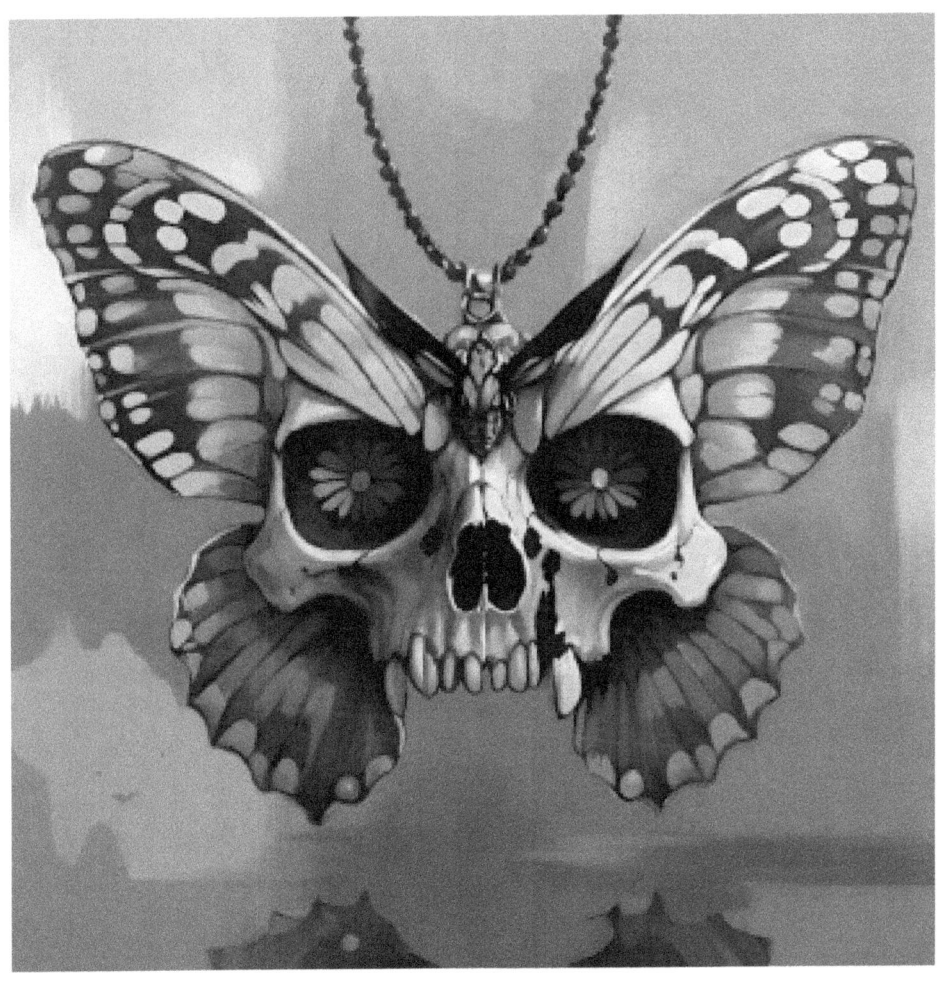

Jedidiah Drotar

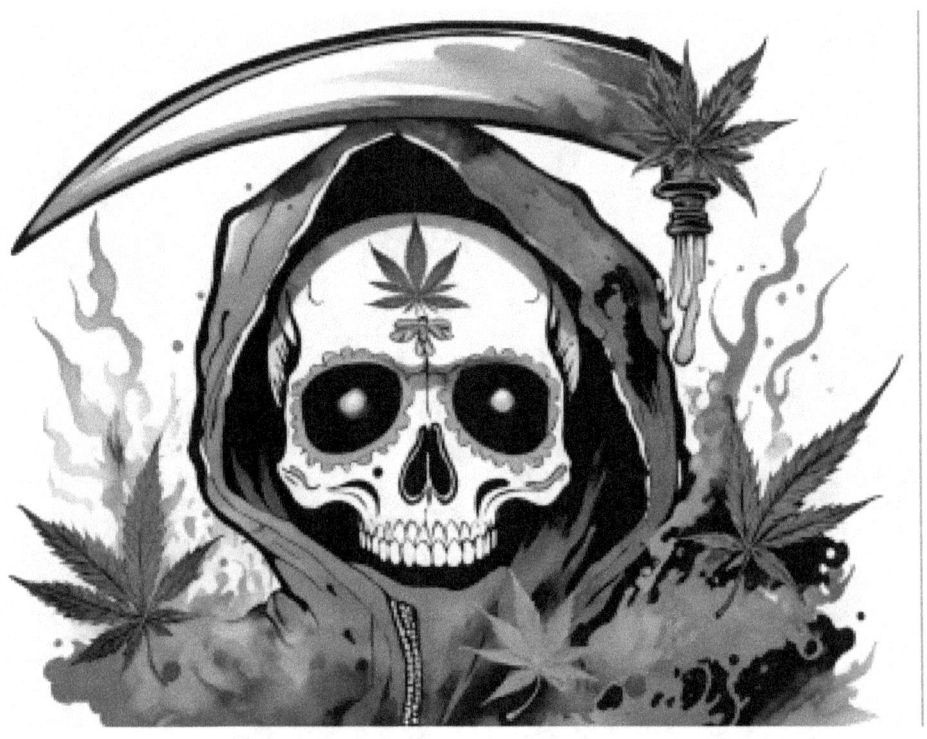

Jedidiah de los Muertos

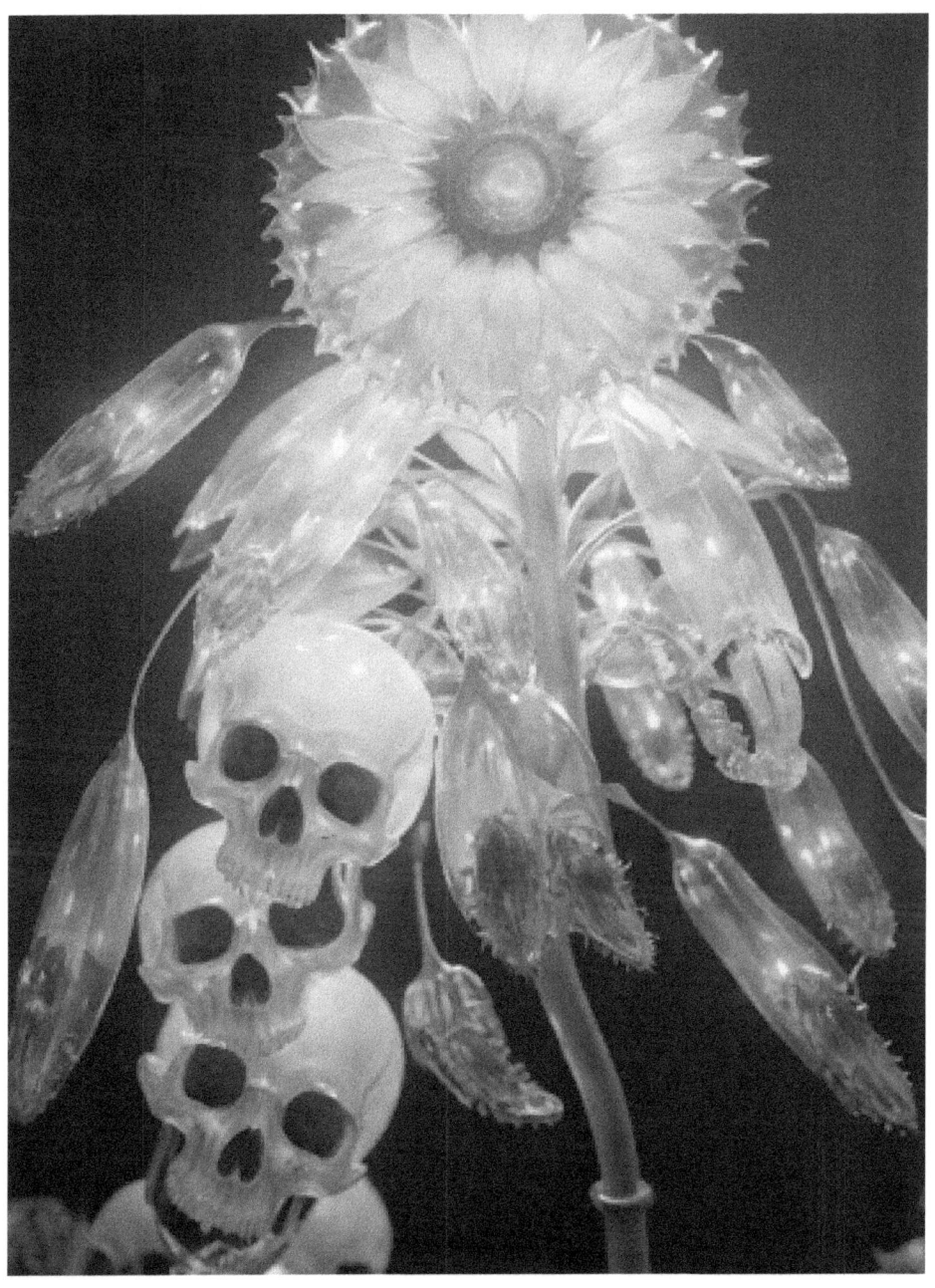

Jedidiah Drotar

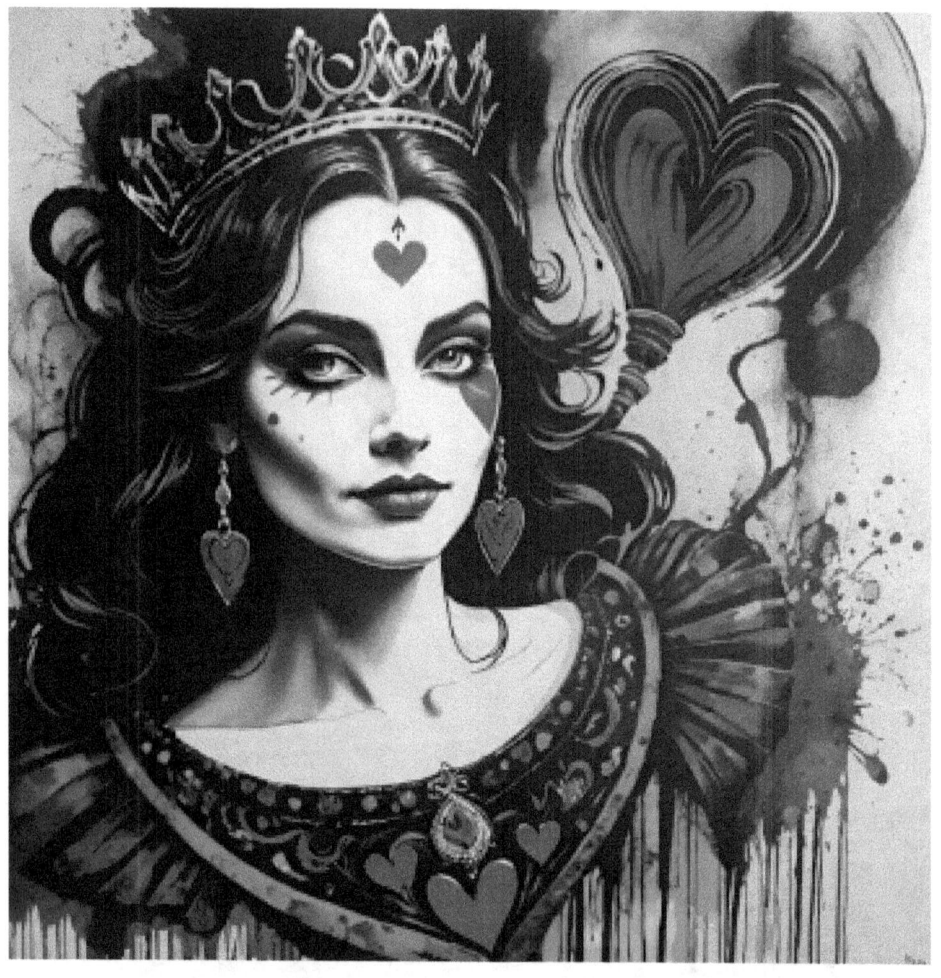

Jedidiah de los Muertos

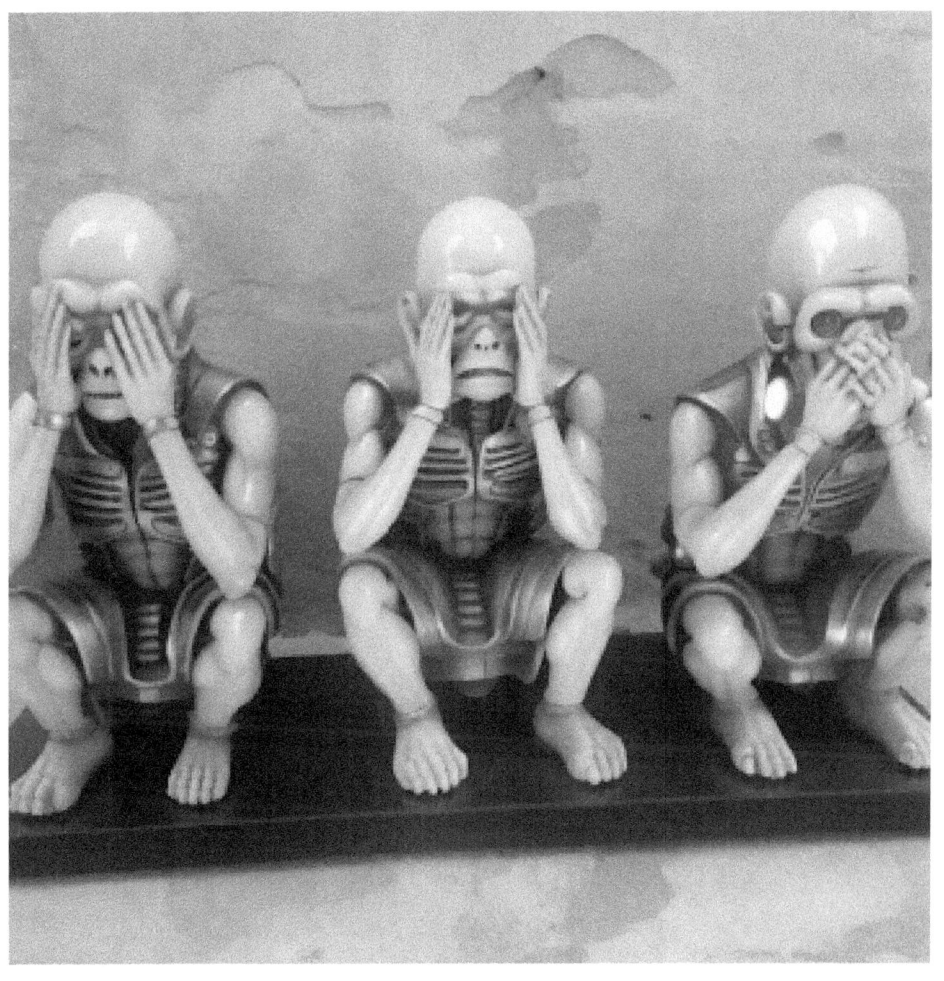

Jedidiah Drotar

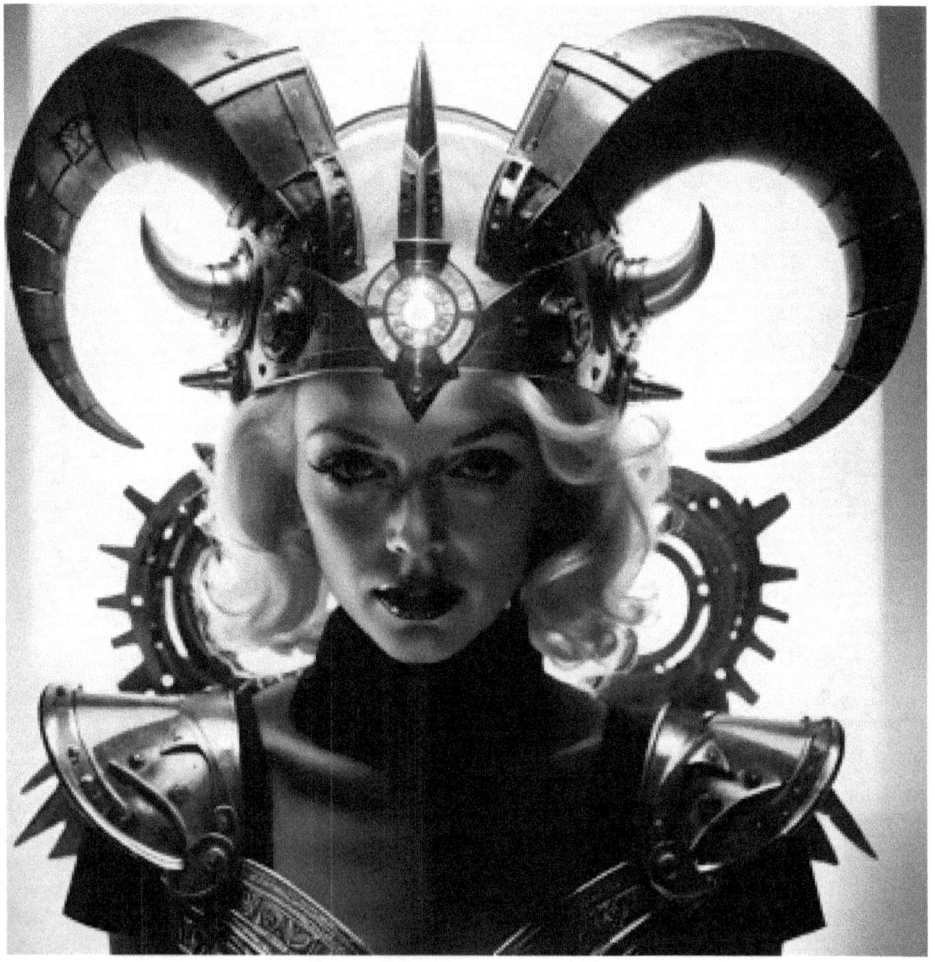

Jedidiah de los Muertos

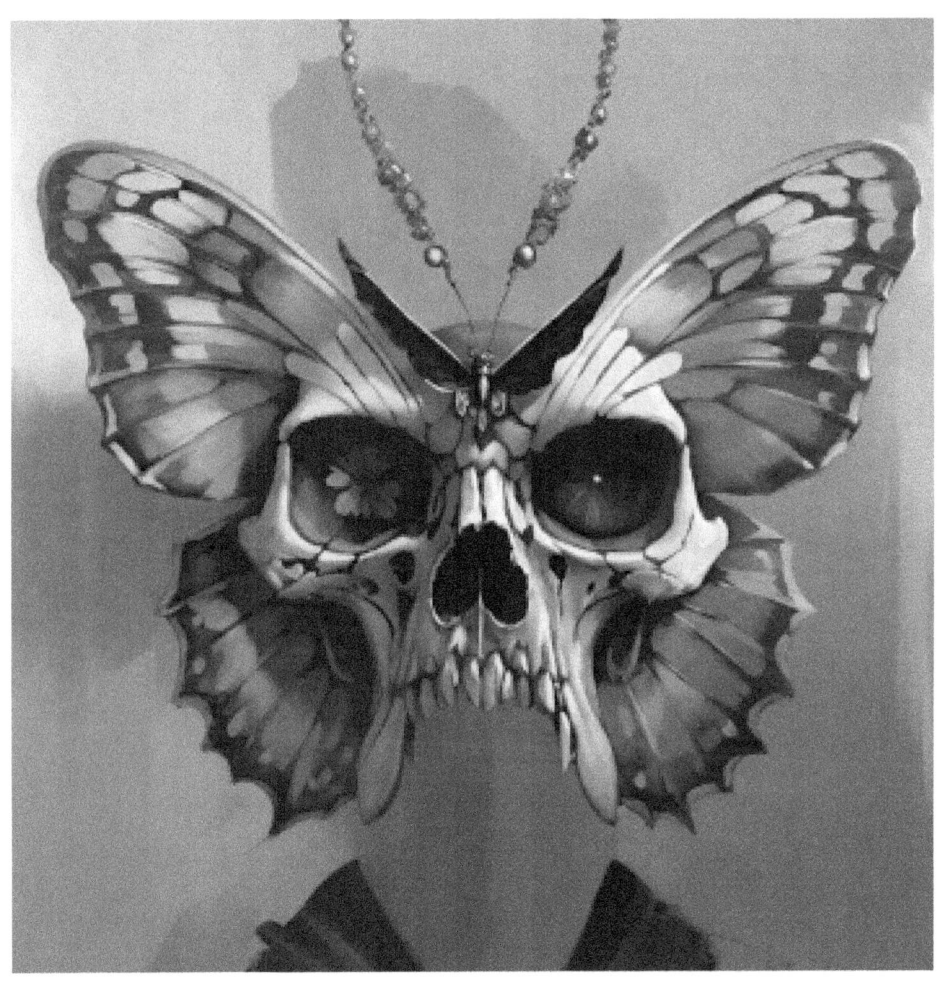

Jedidiah Drotar

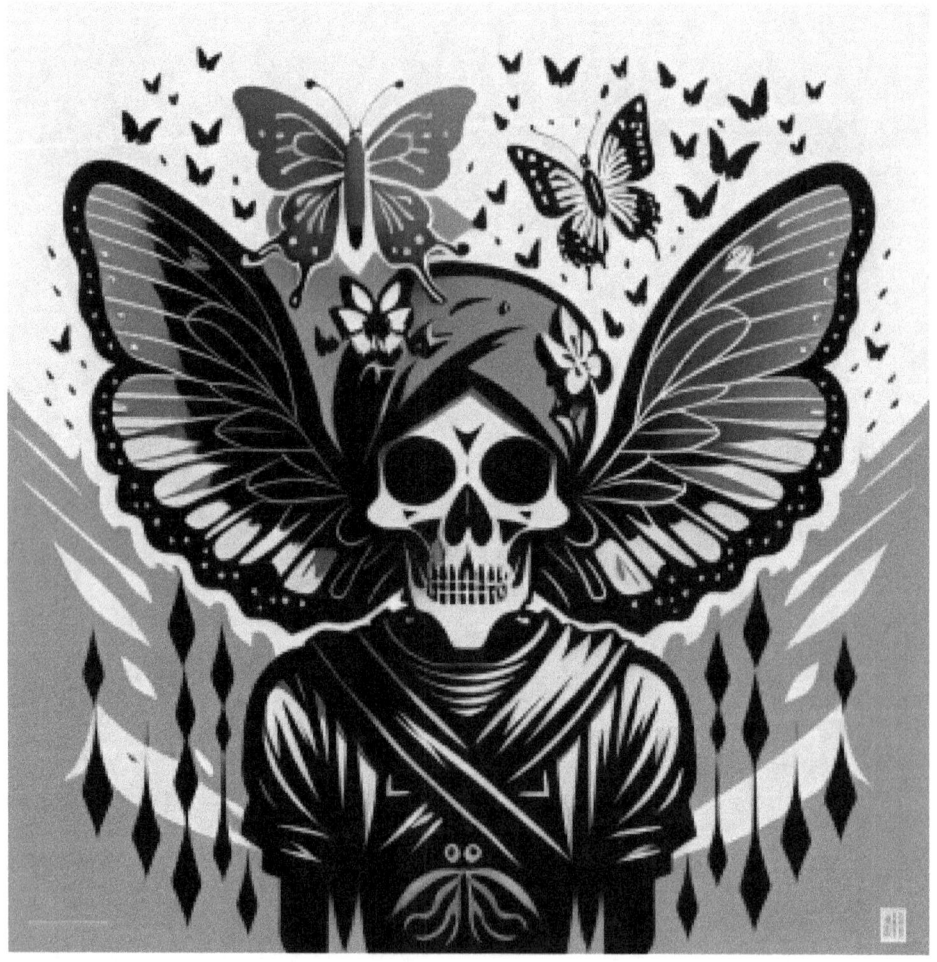

Jedidiah de los Muertos

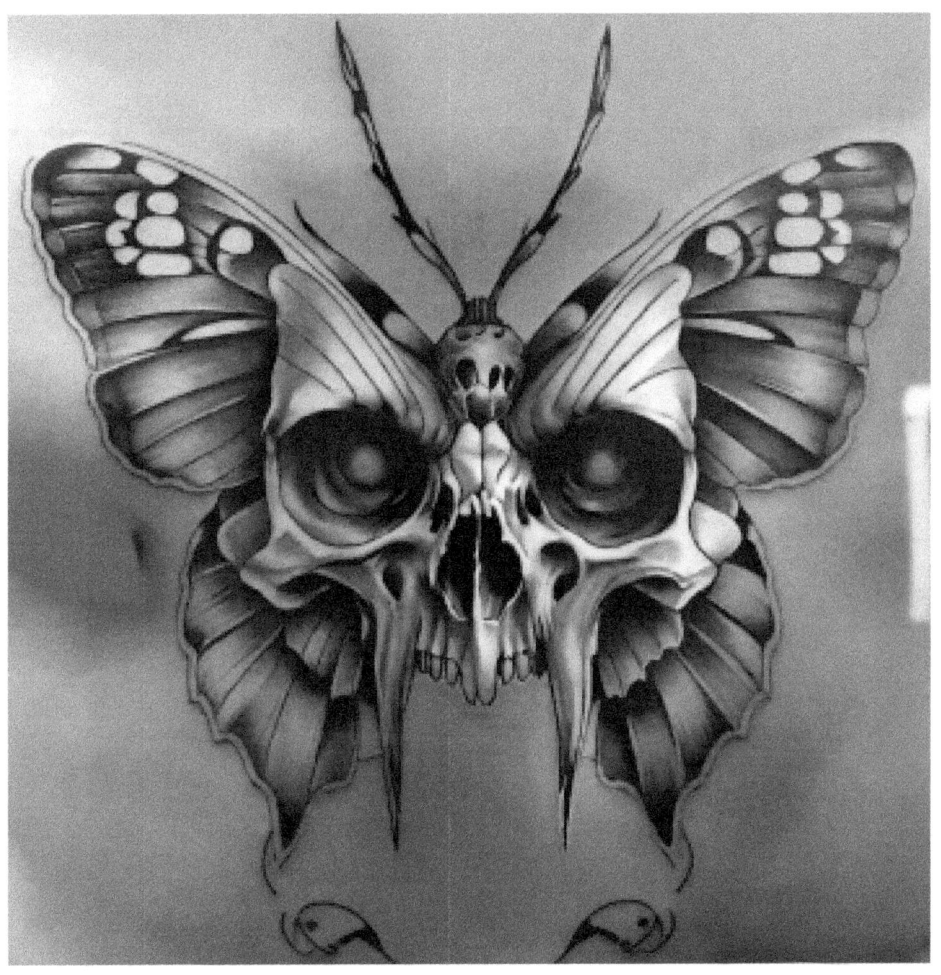

Jedidiah Drotar

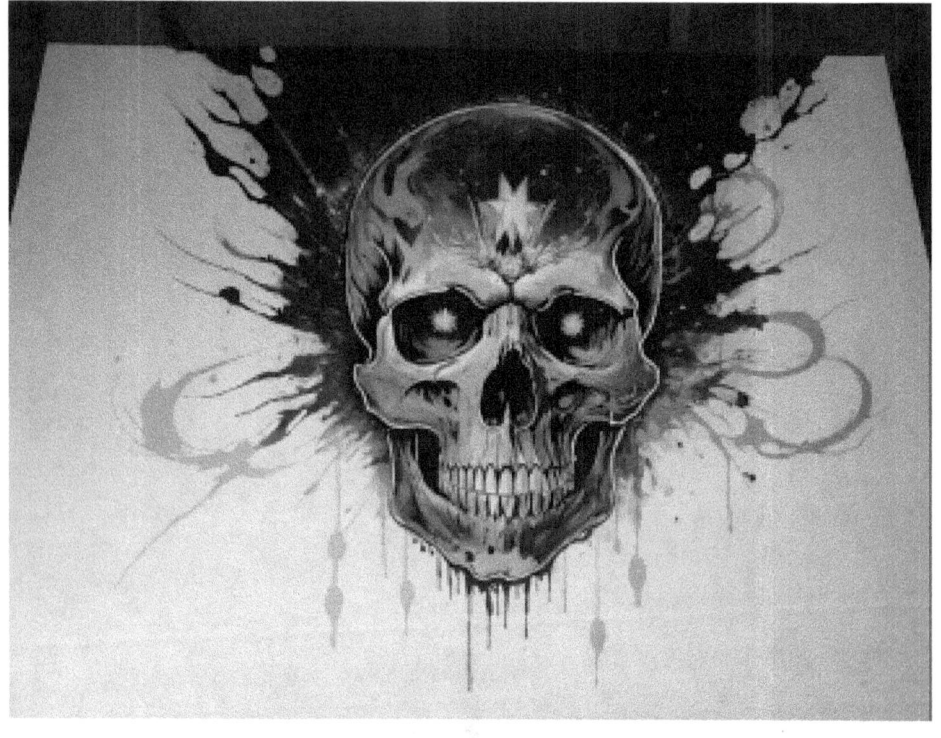

Jedidiah de los Muertos

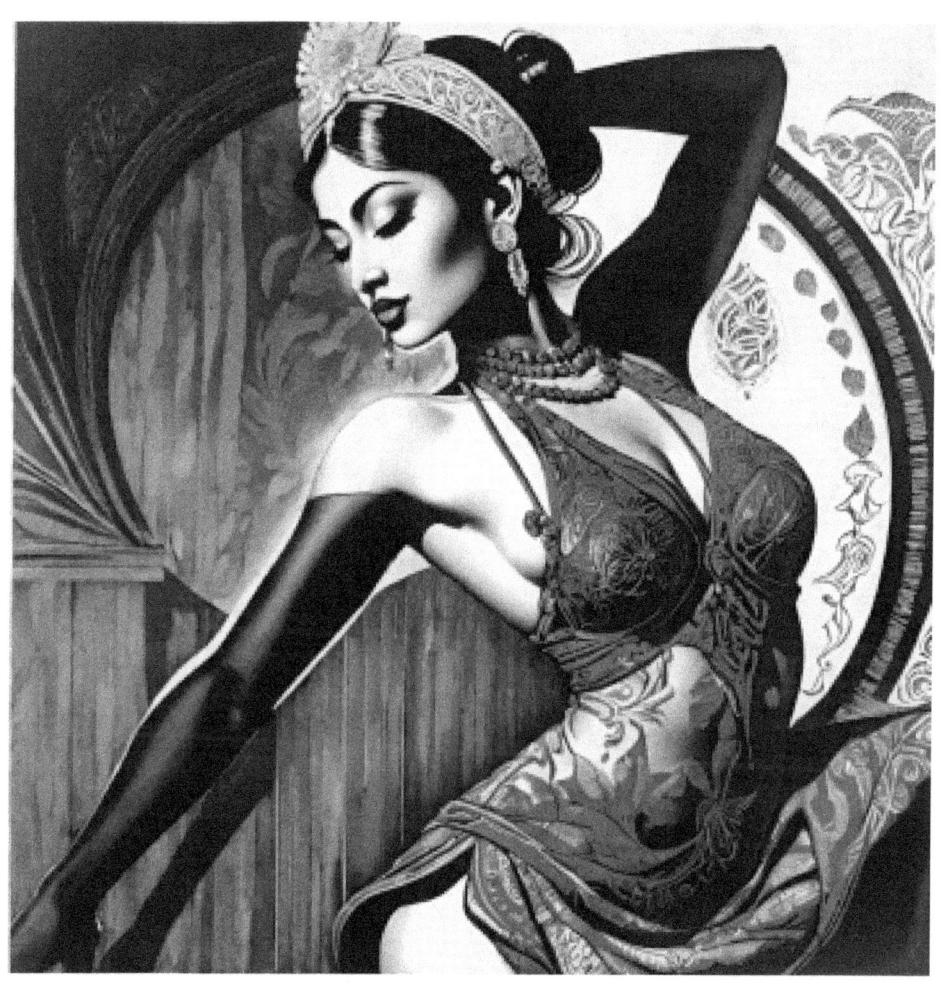

Jedidiah Drotar

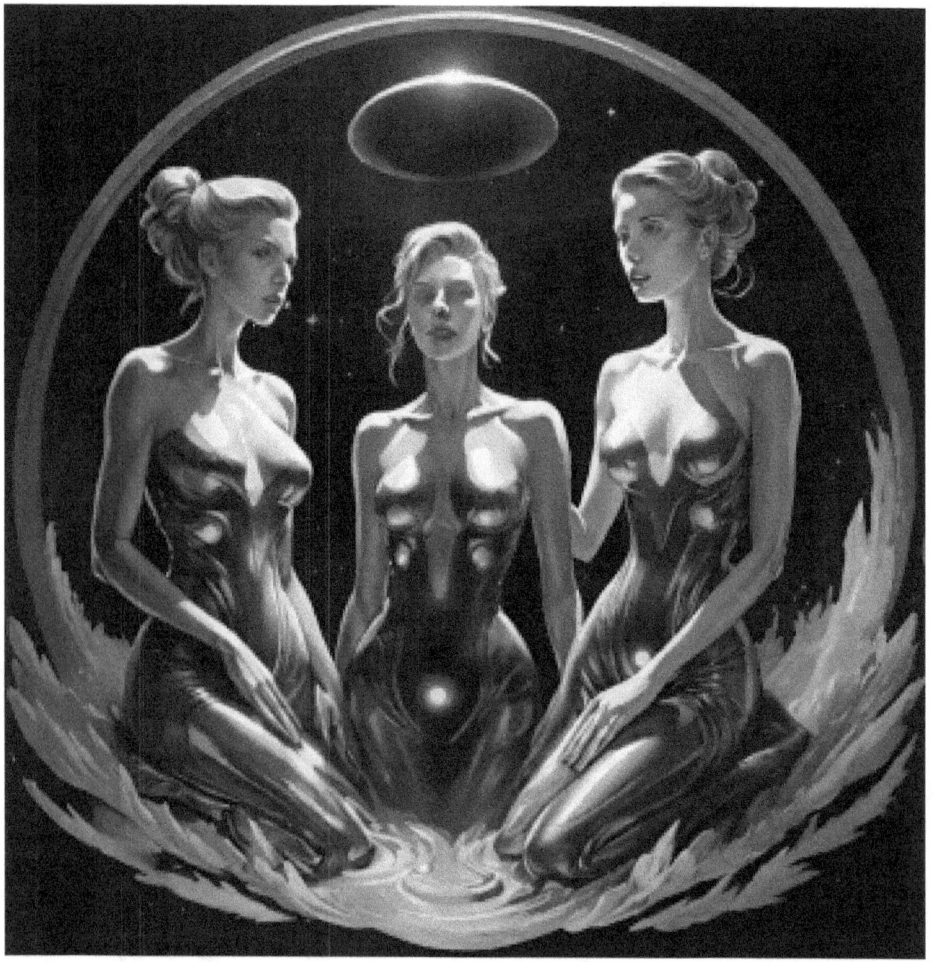

Jedidiah de los Muertos

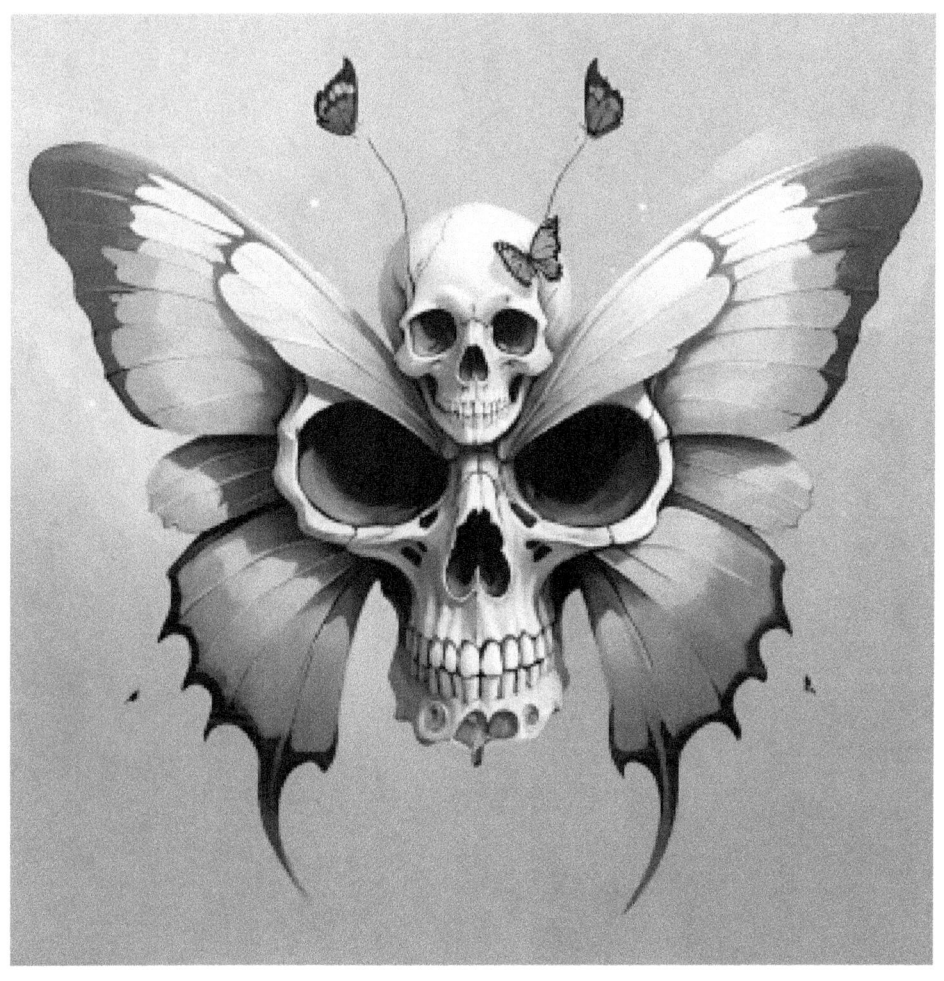

Jedidiah Drotar

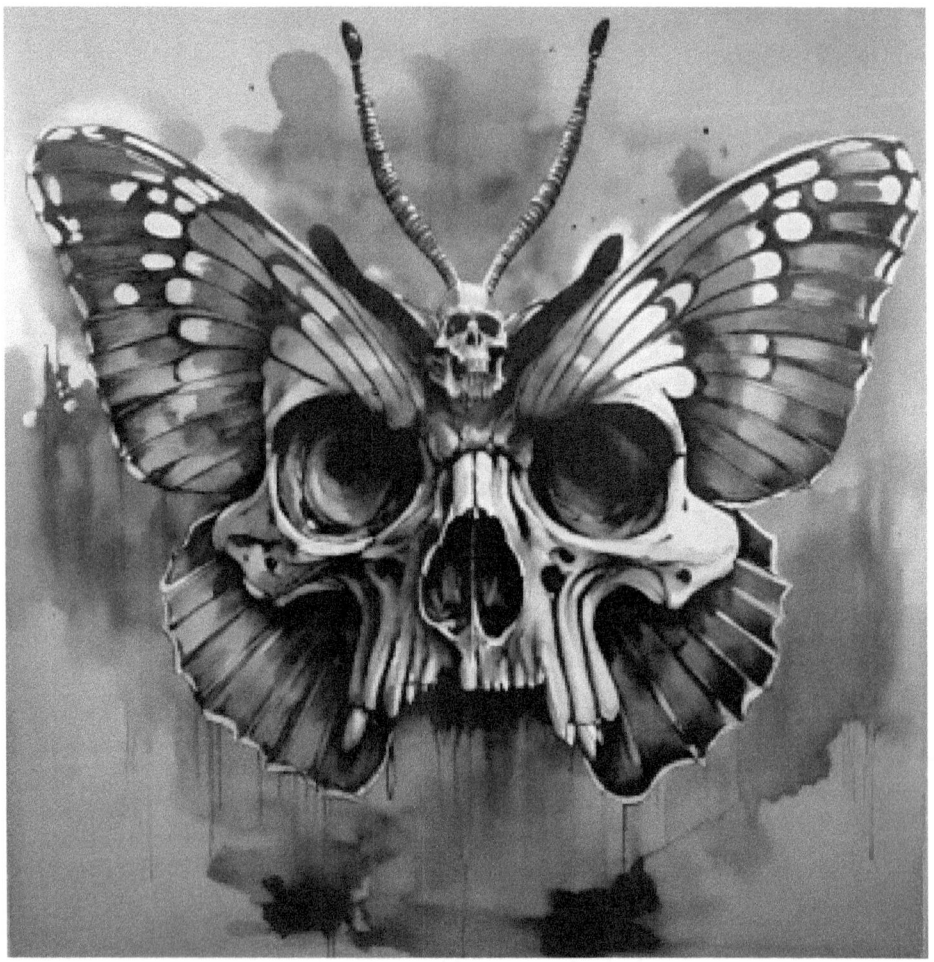

Jedidiah de los Muertos

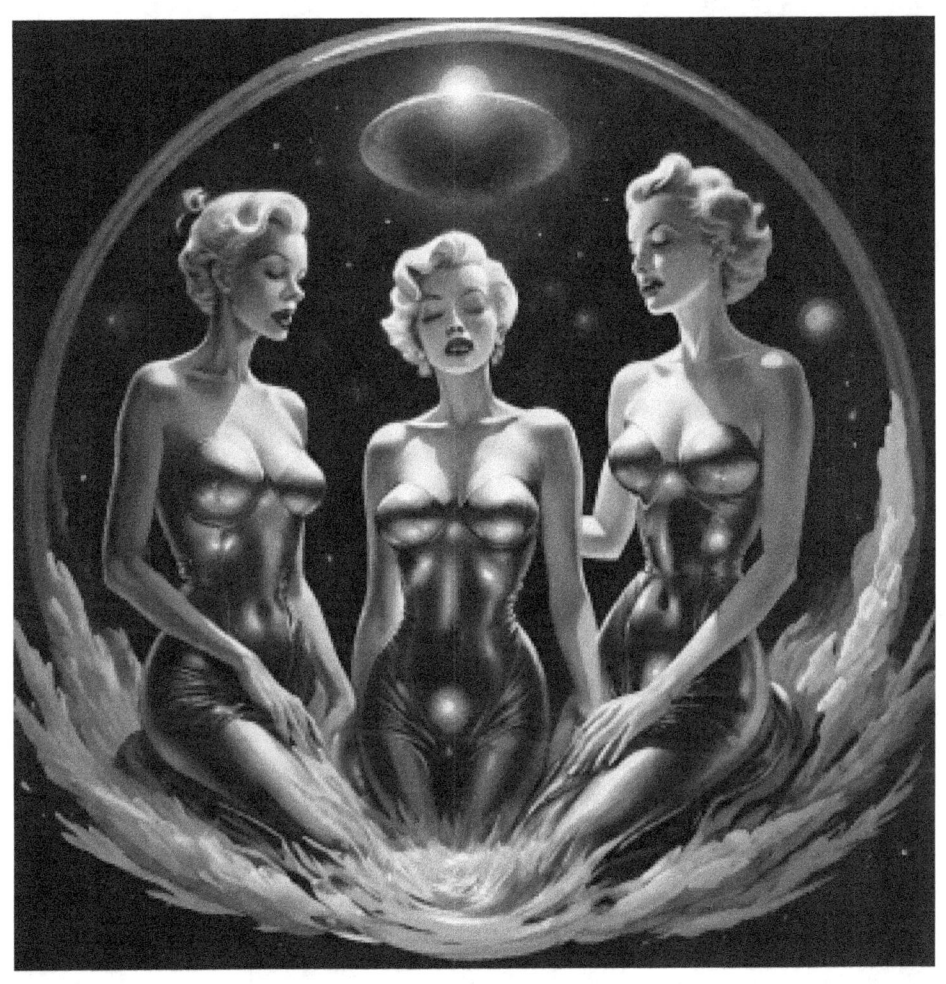

Jedidiah Drotar

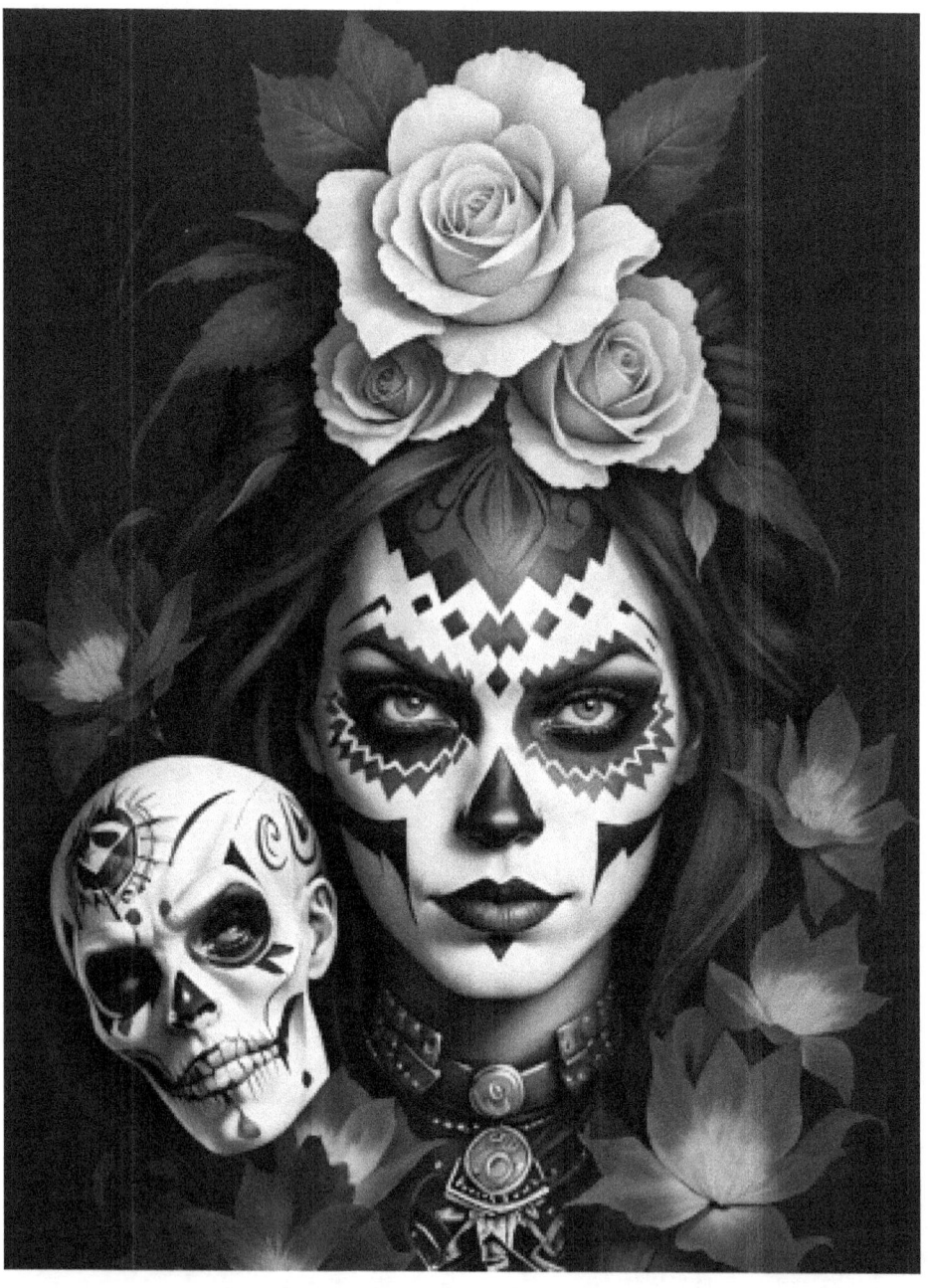

Jedidiah de los Muertos

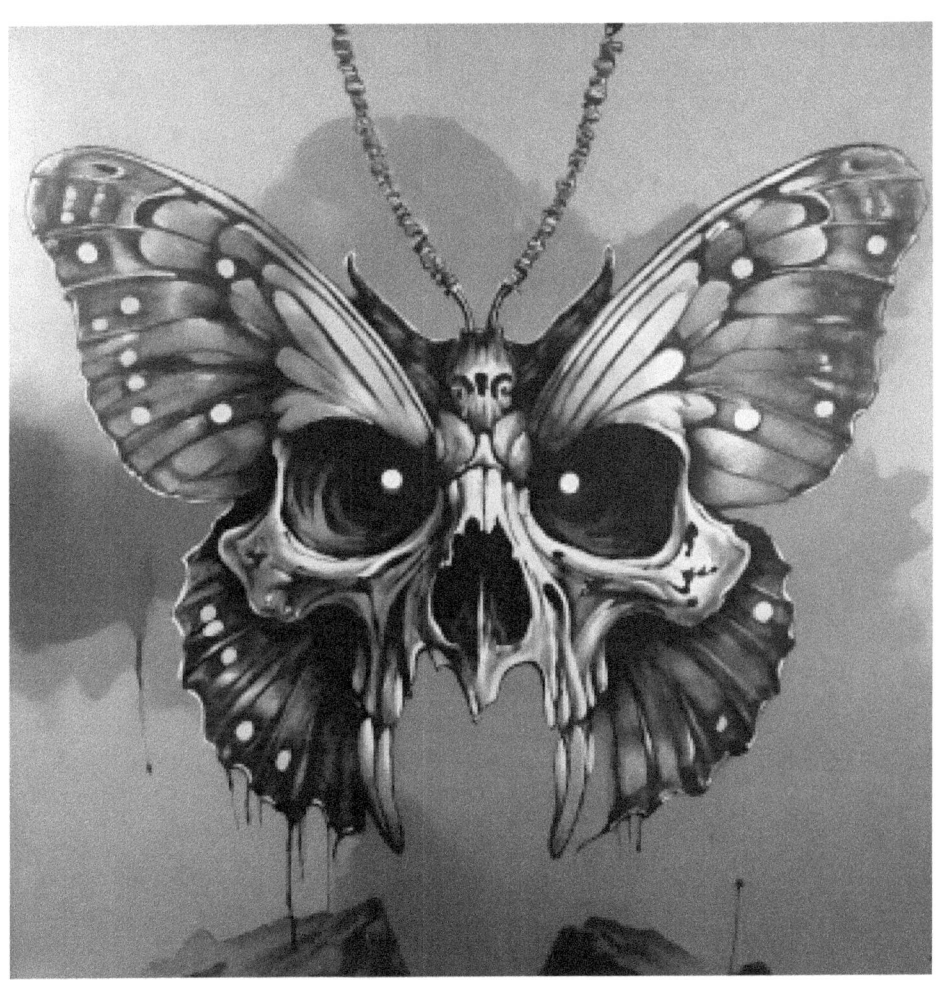

Jedidiah Drotar

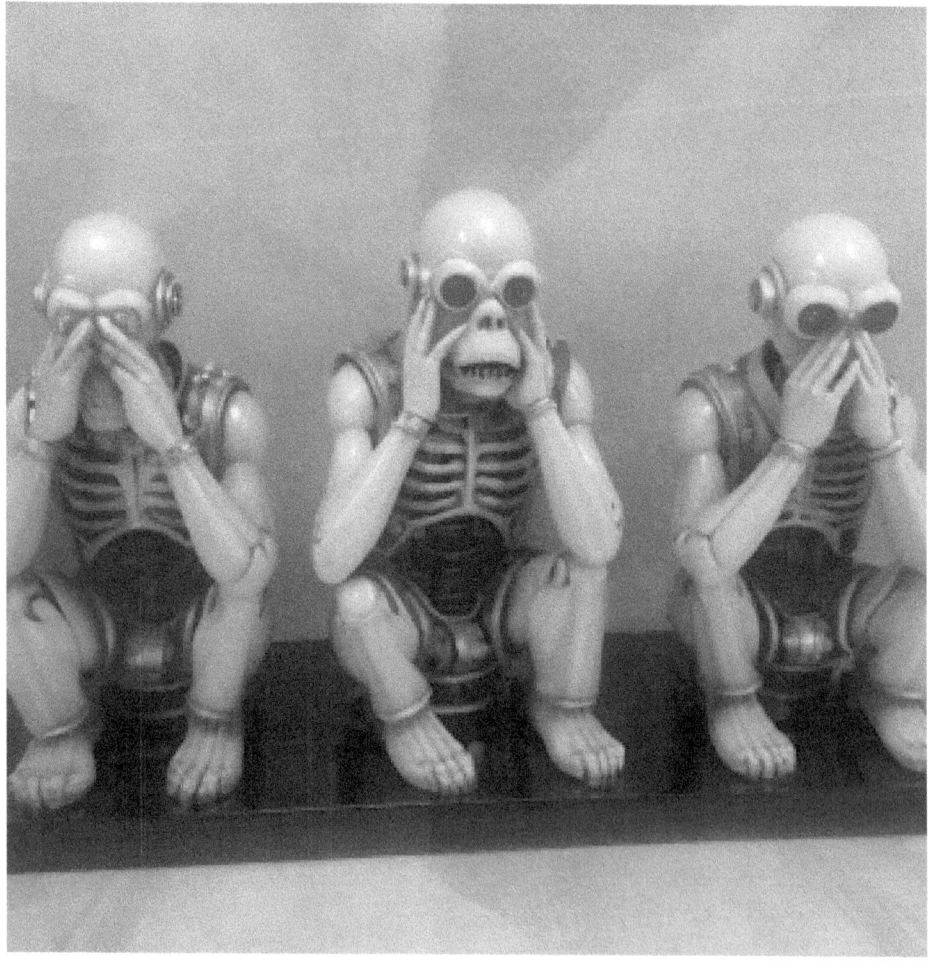

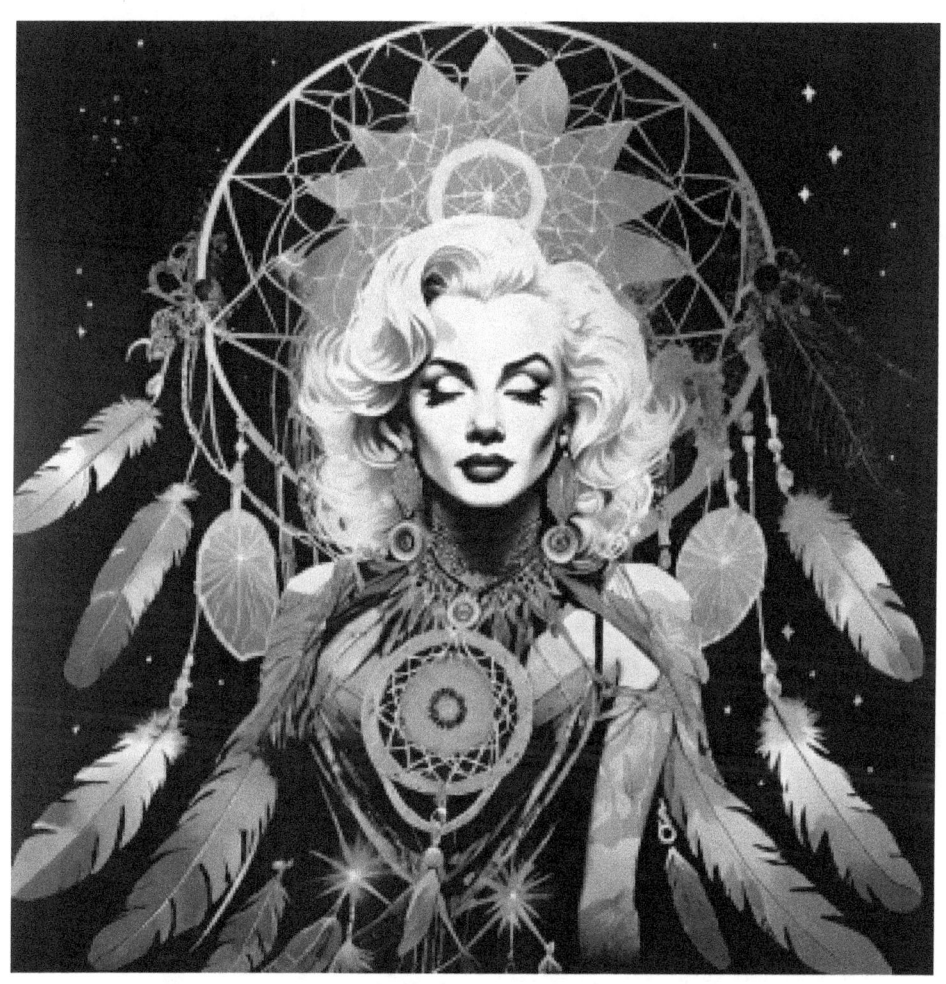

Jedidiah Drotar

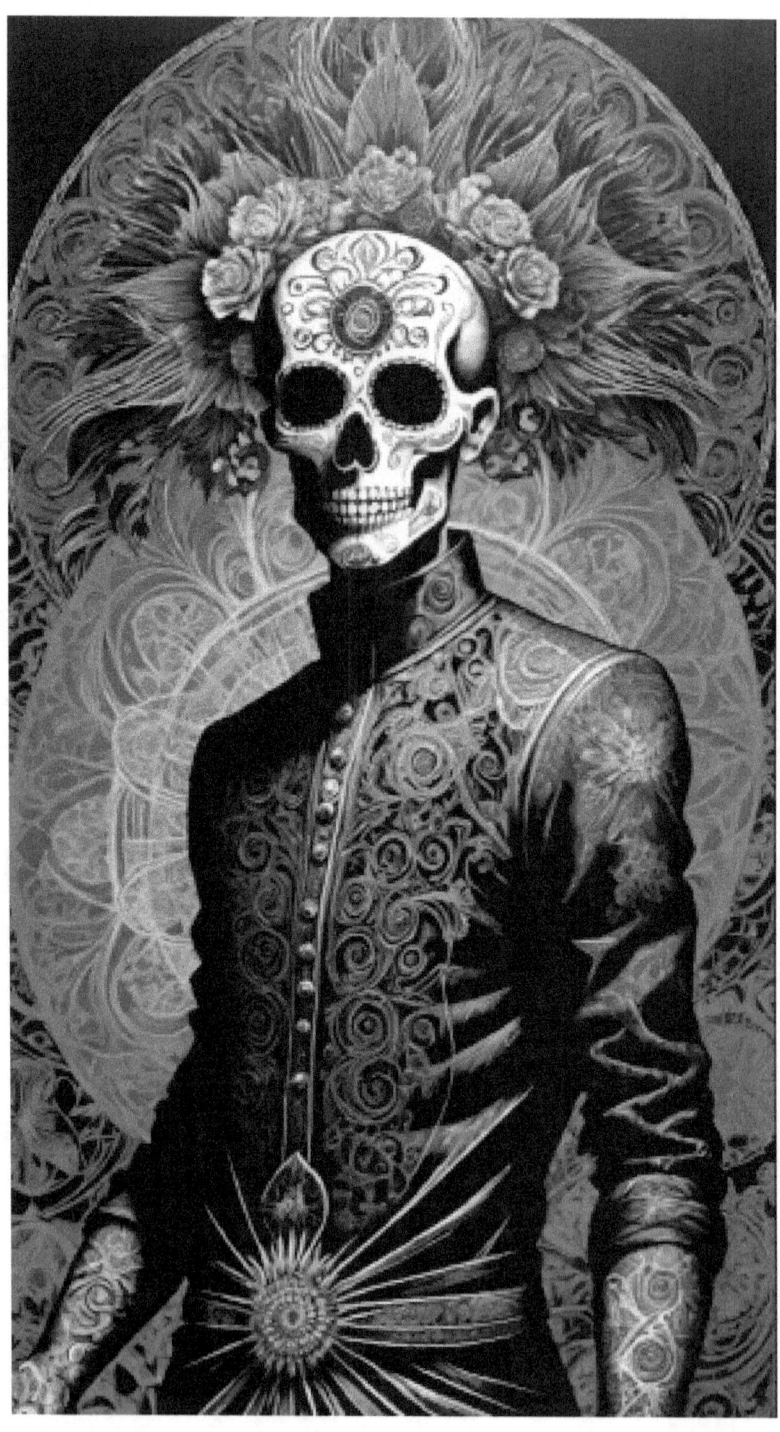

www.ingramcontent.com/pod-product-compliance
Lightning Source LLC
Chambersburg PA
CBHW070203230526
45471CB00002B/791